身になる練習法

サッカー
ボールの運び方を鍛えるトレーニング

著　**浅野智久** malvaサッカースクール代表

JN172148

INTRODUCTION
はじめに

　２００９年にＦＣバルセロナ（スペイン）が６冠※を獲得し、日本のサッカー界でも、バルセロナのサッカーがブームになり、育成年代でもバルセロナのサッカーを志向するチーム、指導者が増えました。今でもバルセロナのサッカーは根強い人気があり、そのスタイルを目指して指導をしていらっしゃる指導者の方が多い印象があります。

　バルセロナのサッカーはポゼッションサッカーと言われます。これはボール保持のパーセンテージを高めたサッカーのこと。ボールを保持し続け、ゲームを支配することで勝利の確率を高めようとするサッカーと言えます。日本の育成年代でもポゼッションサッカーを志向し、中盤でボールをキープする形が増えていきました。それは間違いではないと思いますが、その本質が完全に理解されているかというと少々疑問があります。

　まず気になるのが、ボールキープをパスによってのみ行っている傾向が見られる点です。ボールキープを行うためには、ドリブルも重要ですが、日本ではドリブルでボールキープする概念が薄いようです。ドリブルでボールを運ぶことは重要な手段であり、ポゼッションサッカーを行うためには欠かせないものです。

　また、パスでのボールキープに関しても、相手の動きに合わせた駆け引きが感じられないことが多く、相手に脅威を与えないボール回しになっている印象があります。その駆け引きこそが、日本のサッカーに足りない要素の１つだと私は考えています。

　ポゼッションサッカーとは単にボールキープをするサッカーではなく、理想は、ピッチ上で11人が１人の人間のような共通意志を持ってボールキープしていくことです。そうすることで、相手に隙が生まれた場合、中盤でのボールキープから一気に速攻に転じてゴールチャンスをつくり出すことができます。11人の共通意志によって、遅攻と速攻を局面によって使い分けることができるのです。

　ボールを運んでいたとしても、どういう状況、局面でどう運ぶべきかを考えてプレーしているか、そこに疑問符がつきます。ボールを運ぶ概念が世界基準ではないのです。

　日本のサッカーには、ボールの運び方のコンセプトが浸透していないといえるのかもしれません。育成年代でそれをしっかりと身につけることが必要なのに、残念ながらできていないケースが見られます。

　本書では、ドリブル、パスを含めた「ボールの運び方」をテーマに掲げました。ボールの運び方を身につけるために、malvaで行っているメニューを紹介しています。世界のスタンダードに近づくためのメニューの数々を、ぜひ実践してみてほしいと願っています。もし、本書が指導者の方々、選手のみなさんに少しでも役立ててもらえたとしたならば、私にとってこの上ない幸せです。

malvaサッカースクール代表
浅野智久

※バルセロナの６冠（2009年）：スペインリーグ、スペイン国王杯、ＵＥＦＡチャンピオンズリーグ、ＵＥＦＡスーパーカップ、スペインスーパーカップ、ＦＩＦＡクラブワールドカップの６タイトル

C O N T E N T S
目次

第3章 数的優位 ······ 83

第4章 同数＝ミニゲーム ······ 115

第5章 判断 ········· 137

終章 練習メニューの組み立て方 ········· 161

本書の使い方

本書では、写真やアイコンなどを用いて、1つひとつのメニューを具体的に、よりわかりやすく説明しています。写真や"やり方"を見るだけでもすぐに練習をはじめられますが、この練習はなぜ必要なのか？どこに注意すればいいのかを理解して取り組むことで、より効果的なトレーニングにすることができます。普段の練習に取り入れて、上達に役立ててみてください。

▶ **習得できる能力が一目瞭然**

練習の難易度や、その練習がどのカテゴリーに分類されるものかを具体的に紹介。自分に適したメニューを見つけて練習に取り組んでみましょう。

▶ **なぜこの練習が必要か？**

この練習がなぜ必要なのか？ 実戦にどう生きてくるかを解説。また練習を行う際のポイントも示しています。

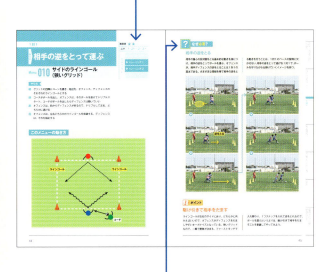

図の見方

オフェンス選手

ディフェンス選手

その他（コーチ、フリーマン、GK等）

コーン

ボールの動き

人の動き

ドリブル

そのほかのアイコンの見方

練習を行う際の注意点や、NG例などを示しています

掲載した練習法をより効果的に行うためのアドバイスです

掲載した練習法の形を変えたやり方の紹介です

序　章

「ボールの運び方」とは？

本書は、「ボールの運び方」をテーマにメニューを構成している。
「ボールを運ぶ」ために必要なトレーニングを、
コーンドリブル、１対１、優位、同数＝ミニゲーム、
判断の５つの要素のメニューでまとめている。
メニューを紹介する前に、「ボールの運び方」について簡単に解説していく。

追い込まれるとリスクを
とりたがる日本のサッカー

　日本では、「仕掛けられる選手が
いい選手」と言われがちだが、果た
して仕掛けられる選手が本当にいい
選手なのだろうか？

　日本のサッカーは、前にボールを
運ぶ場合に、必ず「仕掛け」を入れ
ようとする。しかし、仕掛けるには
リスクが伴う。リスクが伴うという
ことは、ボールを奪われ、ピンチを
招き、失点の可能性を背負うという
ことだ。そういったリスクをとった
上で仕掛けることになる。

　相手のゴール前での攻防、あるい
は残り時間が少なくリードされてい
る展開でならリスクをとるべきだが、
中盤で敢えて危ない橋を渡り、相手
にみすみすチャンスを与えるプレー
は正しいと言えるのだろうか？

　たとえば、日本代表の過去のワー
ルドカップ予選や本戦での試合でよ
く見られたのが、まさにこのリスク
をとって失敗するシーンであった。
失点のシーンや決定的なピンチのシ
ーンをよく見ると、その前の場面で、
仕掛けているケースが見られる。そ
の仕掛けも敢えてそこで仕掛けなく
ても、という局面であることが多い
ように見えるのだ。

　日本のサッカーは、リスクをとっ
て攻めに出て成功するか、逆に失敗

するか、また、全くリスクをとらな
いか、両極端な戦い方を行う傾向が
あり、その中間がない。

　リスクをとることを極端に恐れ、
パスを回してポゼッションをするか、
リスクをとって縦に仕掛けて白黒ハ
ッキリつけたがる傾向があると思う。
100パーセントかゼロかである。
日本のサッカーは、リスクマネジメ
ントができていないとも言える。

　消極的過ぎたり、積極的過ぎたり
するのだ。そして、精神的に追い込
まれると、リスクをとりたがる傾向
が出てくる。それは、よく言えば「潔
い」ようにも見えるが、必要以上の
リスクをとっていると言えるのであ
る。

　しかし、ヨーロッパや南米のサッ
カーはもっとしたたかで、勝負に対
して本当に粘り強い。無駄なリスク
はとらない。このリスクをとりたが
る傾向を改めなければ、世界のサッ
カー強国の仲間入りを果たすことは
できないだろう。

世界のサッカーと
日本のサッカーには違いがある

　ゴールを奪うためにボールを相手
ゴールへ運んでいくためには、ドリ
ブルとパスという大きく2つの手段
があるが、実際には、ドリブルは局
面、状況に応じて、さまざまなパタ
ーンが存在する。たとえば、サッカ

一先進国スペインには、ドリブルの概念として、「運ぶドリブル（コンドゥクシオン）」と「突破のドリブル（レガテ）」の大きく２つの概念がある。

一方、日本では、ドリブルというと、もっぱら突破のドリブルのことを指し、運ぶドリブルという概念は薄い。運ぶドリブルというと、前のスペースを埋めるドリブルというイメージでとらえられ、重要なプレーとしては見られていない。

戦術面で見れば、運ぶドリブルという概念が薄いため、難しい局面でも前に仕掛ける戦い方になる傾向が出てしまう。前に出ていく局面で難しいのであれば、いったん引く選択肢もあっていいのだが、運ぶドリブルの概念が薄いため、その選択肢がなかなかとれないという面がある。

ドリブルは攻撃の手段としてのみとらえられ、ゴールにつながるドリブルがより重視されている。日本では、ポゼッションといえばパスであり、ドリブルでポゼッションするという概念は少ない。

しかし、運ぶドリブルは単にボールを運ぶだけのプレーではない。運ぶドリブルを行うことで、局面を変化させ、スペースを生み出し、ドリブルやパスのコースをつくり出すことができる。攻撃の選択肢を広げる重要な手段でもある。

運ぶドリブルで、どこを通るか、通ろうとするエリアが切られている（相手に阻まれている）かどうか、切られていた場合には別のエリアに運ぶ判断をしなければならない。また、パスを含めた局面における判断も重要である。運ぶドリブルには、そういった判断が必要になり、サッカーの基本が詰まっているのだ。

運ぶドリブルを行うことで自分を助け、味方を助け、チームを有利に導き、ゴールにつなげることができる。もちろん、味方を邪魔しない、チームを不利にしないように行わなければならない。

ディフェンス側からも、運ぶドリブルに対して縦を切る、中を切る、左右どちらかを切るなど、さまざまな選択肢がある。そこで、エリアをわざと空けてオフェンスを誘い込む駆け引きを行うこともできる。もちろんオフェンス側も、縦に行くと見せて横、再び縦に行くなど、ディフェンスをだますプレーができる。

つまり、ディフェンスとオフェンスの駆け引きがそこにある。駆け引きはサッカーの重要な要素であり、サッカーの醍醐味でもある。運ぶドリブルでは、この重要な駆け引きの基本を学べるのだ。

イタリアやブラジルなど海外でのサッカーを経験して感じたのは、海外の一流選手は、運ぶドリブルによ

って駆け引きの基礎を学んでいるということ。だから、育成や強化の現場でも運ぶドリブルに大きな比重が置かれており、運ぶドリブルの重要性が認識されている。

近年、日本の選手が欧州のクラブでプレーするようになったが、それでも日本と世界の間には、厳然とした差が存在する。日本と世界の間に格差があるとしたら、それは、運ぶドリブルの技術、戦術に関する差が大きなパーセンテージを占めるのではないか。

そのために、本書で、普段はあまり注目されていない「ボールの運び方」に焦点を当てていこうと考えたのである。

なお本書内では、「観る」という表現を用いている箇所がある。これは、プレー中に周囲の状況を「観察する」という意味であり、単に「見る」とは意味合いが異なるということを理解いただければと思う。

ボールを運ぶ際に必要な技術の習得

コーンドリブルを行うことで、最初に思い通りにボールが扱える技術が必要になる。相手が来て、かわしながらうまく運べるか、エリアを意識してそのエリアをうまく通りながら運べるかはボールを運ぶ際の肝となる重要な技術である。

ボールを右に運びたいと思っても右に運べなかったり、左に運びたいと思ってもうまく左に運べなかったりでは、ボールを運ぶことはできない。コーンドリブルでボールを自由自在に動かせる技術がなければ、1対1のトレーニングを行っても、どのように1対1を行えばいいのか、イメージができないだろう。右にも左にも行けず、短い時間もボールを保持することができずに、ボールを奪われてしまう。そんな状態ではサッカー自体をプレーすることができない。

自分の体のさまざまな部位を使って、ボールを自分の思い通りに扱えるようにすることは、絶対に必要なことである。個々の選手のレベルによっては、コーンドリブルがより必要となる場合もあるし、レベルの高い選手であっても、技術の確認のために必要になることがある。

ドリブルで「イン、アウト」や「アウト、アウト」など足のいろいろな部位を使いながらのボール扱い、スピードの変化、ボールを触る場所を変える、また、ボールを前に出して5m先で自分のスピードとボールのスピードを一緒にするなどの技術を身につけることが必要になる。

コーンドリブルでは、まずコーンをさまざまな位置に設置して、ボールフィーリングを高めていく。そし

11

て、インサイド、アウトサイド、足の裏、ダブルタッチなどのさまざまなタッチを身につけて、緩急の変化をつけたドリブル、試合で使えるフェイント、ターンを練習することで、ゲームに必要なテクニックを習得していく。

試合時に、対人で運ぶドリブルが行えるようになるための前段階のトレーニングと位置付けすることもできる。

ボールの運び方を身につけるためには、まずは、たくさんボールに触る必要がある。コーンドリブルは、基本は毎日のドリルで行うもので、トレーニングでは、ウオーミングアップで行うことに適したメニューであると言える。

運んでスペースをつくり、また運ぶ

コーンドリブルでボールコントロールを身につけた後は、対人のトレーニングが欠かせない。対人の場合は、縦を切られたら横に逃げる、横が切られたら縦に出ていくなど、リスクを軽減してボールを運ぶことが必要だ。ボールを運ぶ方向が、切られているか切られていないかを確認して出ていくことが求められる。

また、縦を切らせて横に出る、横を切らせて縦に出るというように、行く方向を見せ、その方向を切らせて逆に出ることもできる。そうすることで、リスクなくボールを運ぶエリアを確保することができるのである。

1対1では、相手がいないところにボールを運び、運ぶことでスペースをつくり、そこから再びボールを運ぶ。その基礎が習得できるトレーニングを行う。

数的優位の対人トレーニングでは、最小単位が2対1になる。2対1の場合は、オフェンスがボール保持者とパスの受け手の2人になり、パスの選択肢が入る。パスを受けてボールコントロールをする際に、自分が思い描いた場所にワンタッチでボールを動かすファーストタッチを身につけることが重要になる。

数的優位のトレーニングは、1対1と基本的な考え方は同じで、ディフェンスを動かすことによってボールを動かせる範囲を変えていくことが柱になる。ディフェンスに、ゴール方向の縦のコースを切られた場合は、ゴールへの直線ルートは遮られる。だが、ディフェンスに縦のコースを切らせることによって、別ルートへ行く運び方ができる。

3対1で説明すると、ボールをもらったときに縦方向をねらうことが重要で、ディフェンスのアプローチが中を切っていれば縦方向にパスやドリブルで運ぶことができる（**図**

A）。縦のパスコースを切られると中の味方にパスを戻すことができる。これを2タッチに限定してトレーニングを行っていくことで、ディフェンスの守り方（切り方や距離）を観て判断しながら、ボールを縦に運んだり横に運んだりすることができるようになる。たとえばボールを右サイドで受けたとすると、縦方向の右サイドは切られるケースが多くなる。試合で縦に突破するのは困難な場合が多い。ディフェンスは、突破をさ

せないように縦方向のドリブルやパスのスペースを切ってくるからだ。この3対1のケースでは、右サイドにボールが渡った場合、ディフェンスは縦を切ってくる。

その場合、縦方向には運ぶことができなくても中は見ることができる。スペースもあるので、ボールが来た方向を見てパスを返すことができる（**図B**）。

また、ドリブルで縦方向に運ぶことは難しくても、中のスペースに斜

め方向に運び、味方が動くことで違う局面をつくり出し（**図C**）、新たなスペースを生み出すことができる（**図D**）。新しくできたスペースを突いて攻撃していく選択肢が生まれる。

3対1では、味方の3人目の選手が第3の動きをすることで、より効果的なスペースのつくり方、相手の裏をとる動き方ができる。

数的優位のなかでも3対1、そして2対1といったシンプルなメニューは、ボールの運び方の基本を習得する、とても重要なトレーニングで

あると言える。

「あわない位置」の概念を理解する

数的同数のメニューでは、同数を数的優位にするポジションどりとボールの運び方、パスの見せ方があり、それを知ることが必要になる。オフェンスが同数を数的優位にするためには、オフェンスが、ディフェンスと「あわない位置」をとるということが重要である。

「あわない位置」をとるとはどういうことかというと、パスの受け手が

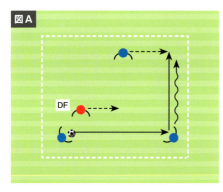

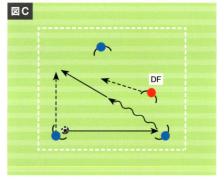

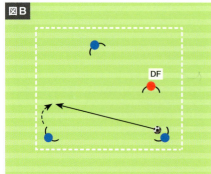

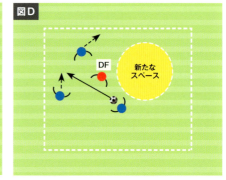

ボールを受ける際に、相手のディフェンスと真正面で向き合わないようにすること。言い換えれば、相手とずれた位置でパスを受ける、パサーが相手とずれた位置にパスを出す、あるいはファーストタッチで相手との位置をずらさなければならないということだ。

相手とずれた位置でボールを持つことで、相手より一瞬早く次のプレーを展開でき、数的優位をつくり出すことができる。

たとえば、2対2のトレーニングで、オフェンス側のパスの受け手が「あわない位置」をとることで、次の展開の前に出る局面で、ディフェンスを一瞬遅らせることができ、瞬間的に2対1の数的優位をつくり出すことができる。しかし、相手のディフェンスとあう位置をとってしまうと、数的優位をつくり出すことが難しくなる（図E）。

仮に「あう位置」をとってしまった場合でも、ボールの移動間に寄ったり、膨らんだりすることで「あわない位置」をとることができる。「あわない位置」をとるということは、ボールを持っていないオフの状

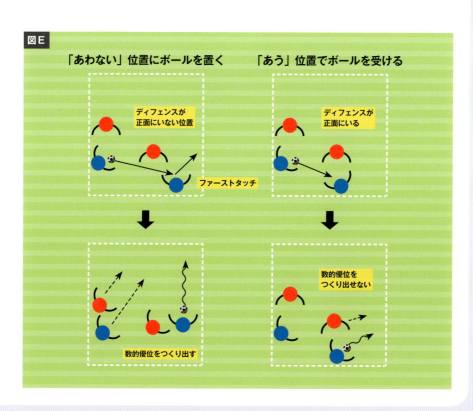

図E

「あわない」位置にボールを置く

ディフェンスが正面にいない位置

ファーストタッチ

数的優位をつくり出す

「あう」位置でボールを受ける

ディフェンスが正面にいる

数的優位をつくり出せない

「ボールの運び方」とは？

コーンドリブル

1対1

数的優位

同数＝ミニゲーム

判断

練習メニューの組み立て方

態のときだけでなく、ボール保持者がボールを運ぶ際にも欠かせない大事な要素である。

なぜなら、「あわない位置」をとるということは、ディフェンスがいない場所が存在するということであり、縦にドリブルもパスもできるからだ。相手（ディフェンス）に縦を切られたときはリスクなくボールを横に運びやすくなる。ボールを横に運ぶことでディフェンスとあわない縦のスペースができ、リスクなく進入することができる。そのため、オフェンス側はより仕掛けやすくもなるし、仕掛けることで相手の逆のとり合いも生まれてくる。

そして、ここまで挙げてきたさまざまな要素を踏まえて、ゲームでは判断が求められる。判断をする際の基本的な考え方としては、ゴールを奪うことを最優先としつつも、不必要なリスクを避ける判断をすることだ。いかにしてリスクを少なくしながら前に進むか、そのためには、前述したように「あわない位置」をとってボールを運び、進入していくことが欠かせない。そのときに、パスかドリブルか、ボールの運び方の判断をしっかりとしなければならない

のだ。

本書で掲載したトレーニングは、基本的にウオーミングアップ⇒トレーニング１（導入のトレーニング）⇒トレーニング２（メインのトレーニング）⇒ゲームと進行すると仮定するなかのどれかに当たる。それぞれのトレーニングに、カテゴリーの項目を設け、そこでウオーミングアップ、トレーニング１、トレーニング２、ゲームと表示している。マルバでは、そのカテゴリーでそのトレーニングを行っている。それぞれのトレーニングをウオーミングアップ⇒トレーニング１⇒トレーニング２⇒ゲームの基本の流れの中で、各チーム、個人の状況に応じて、指導者の方々が自由に組み合わせて行っていただければと思う。

これらのメニューを実践し、トレーニングがうまくできるようになれば、ボールを運ぶ力が格段にアップすることは間違いない。本書のトレーニングを参考にして、ボールを運ぶことの重要性を知っていただき、選手個々の力、そしてチーム力を向上させていっていただければと心から願っている。

第１章

コーンドリブル

コーンドリブルは最も基本的なメニューの１つ。
この章では、基本メニューを紹介しつつ、
なぜコーンドリブルが必要なのかを解説していく。

【コーンドリブルの概念】

コーンドリブルとは？

コーンドリブルは、よく行われるメニューの1つで、選手の成長にとって、とても重要なメニューである。しかし、コーンドリブルを効果的に行えるかどうかには、大事なポイントがあり、そのポイントを押さえておく必要がある。そのためには、コーンドリブルとは何かを知り、本質を理解しておかなければならない。

? なぜ必要?

▶ **サッカーは対人のスポーツであるが、その基本となるのがコーンドリブル**

▶ **コーンを人に見立てて、コーンを抜いていくことで、対人に必要な基本の動きをマスターすることができる**

▶ **スピードをアップしたり、できる限りコーンのギリギリを通過したりするなどのプレッシャーを高めたトレーニングで、より技術を高めることができる**

! ポイント

▶ **技術が未熟なうちは、余裕を持たせてコーンを通過し、ドリブルの正確性を高める**

▶ **高いレベルの選手であれば、オーガナイズを変えて、レベルに合った効果的なトレーニングにする**

コーンを人に見立ててイメージして運ぶ

　ボールをうまく運ぶためには、ドリブル力のアップが先決だ。そのためには、日々のトレーニングのなかで足元のボールコントロールの力をつける必要がある。ドリルとして習慣的に個人でも行うことができるコーンドリブルは欠かすことができない。

　ドリブルには対人のトレーニングもあり、レベルに合わせて、コーンドリブル、対人ドリブルのトレーニングを使い分けるのが一般的。技術が未熟なのに、いきなり対人トレーニングを行っても、どうドリブルしていいかイメージができず、トレーニングがうまくいかないのだ。

　そこで、足のさまざまな部位を使って、ボールを自分の思い通りに扱えるようになるためのトレーニングが求められ、コーンドリブルの必要性が出てくる。効果的に行うための考え方の基本は、コーンを人に見立ててイメージすることだ。

　たとえば、1人の選手と1つのコーンが近くにあった場合、コーンを動かない人（障害物）と見立てると、選手が動ける範囲は図Aのように表される。コーンに接触さえしなければ、ほぼ360度ボールを運ぶことができる。

　コーンは動かないので、コーンに接触をしないことがまず大前提となる。トレーニングでは、レベルに応じて、まだ低いレベルの選手であれば余裕を持たせてコーンを通過させてもいい。ドリブルの正確性を求め、ボールタッチの強弱を確認しながらのドリブルとなる。

　また、高いレベルの選手であれば高いプレッシャーを与えて、接触しないギリギリのドリブルをさせることもできる。コーンドリブルは高いレベルの選手に対しても、オーガナイズを変えることによって効果的なメニューとなるので、トップレベルの選手にとっても必要なメニューとすることもできるのだ。

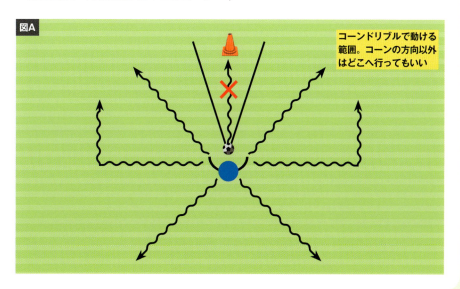

図A

コーンドリブルで動ける範囲。コーンの方向以外はどこへ行ってもいい

コーンドリブル

相手を観ながらボールを運ぶ
ボールフィーリングを高める

ねらい

Menu 001 スクエア4人同時（コーン回り）

難易度 ★★☆☆☆

広さ 5m×5m

カテゴリー

▶ ウォーミングアップ
▶ トレーニング1
▶ トレーニング2
▶ ゲーム

やり方

1. グリッドの4つの隅とグリッドの中央にそれぞれコーンを設置する
2. グリッドの4つの隅の4ヵ所に選手がそれぞれボールを持って配置
3. グリッドの4つの隅の4ヵ所から4人が一斉にスタートして、中央のコーンを回り4ヵ所のどこかのコーンに向かう
4. 図のように3パターンを行う

このメニューの動き方

全員が中央のコーンを右に曲がって隣のコーンに移動する

全員が中央のコーンを左に曲がって隣のコーンに移動する

全員が中央のコーンを曲がって元のコーンの位置に戻る

！ ポイント

相手の動き、方向を観て予測してドリブルする

前から横から選手が来て交錯するので、周囲を観ながら、動く選手をうまくドリブルでかわす。他の選手の動き、どう来るかを観てドリブル方向を予測しながらスピードを調整してドリブルする。他の選手、ボールとぶつからないように、かわし方、距離の感覚、ボールフィーリングを高めていく。

「ボールの運び方」とは？

コーンドリブル

1対1

数的優位

同数＝ミニゲーム

判断

練習メニューの組み立て方

？ なぜ必要？

ドリブルしながら視野を広く持つ

選手が交錯しあう状況のなかでドリブルを行うことで、技術を高めると同時に、周りを観る、視野を広く持つ習慣づけをする。ドリブル力を上げるためのメニューだが、視線を足元に置くのではなく、周囲に視線を送らなければ周りの選手にぶつかってしまうため、常に顔を上げてプレーすることが求められるトレーニングである。

Arrange

人数が多い場合はグリッドを広げる

５ｍ四方は、ある程度人数が少ない場合を想定して設定している。人数が大勢いて待ち時間が長くなるような場合には、グリッドを広げて、７〜８ｍとするといい。次の選手が後ろについていくようにすれば、そのぶん一度にプレーする選手の人数を増やすことができる。

Extra

学年、レベルによってオーガナイズを変えて行おう

小学生と中学生では体格も技術も異なる。あくまで、ここで紹介しているオーガナイズ（グリッドの広さや人数などの設定）は目安なので、レベルによって変えていこう。トレーニングの状況によって適切なオーガナイズができるかが、指導者として大切なポイントとなる。

» なるべくタッチは細かく

コーンドリブルにおいては、可能な限りタッチは細かくして、コーンの近くを回るようにしよう。タッチが大きいとそのぶん周りとぶつかってしまう可能性も高くなってしまう。最初のう

ちは難しいかもしれないが、なるべく意識して行ってほしい。いろいろなタッチをできるようにたくさんボールに触れてみよう。

Menu **002** スクエア4人同時（対角線交差）

難易度 ★★☆☆☆

広さ　5m×5m

カテゴリー

▶ ウオーミングアップ
▶ トレーニング1
▶ トレーニング2
▶ ゲーム

やり方

1 Menu001と同様に配置する（ただし中央のコーンはなし）

2 四角形の4つの隅の4ヵ所から4人が一斉にスタートして、スタート時のコーンの対角線のコーンに向かう

このメニューの動き方

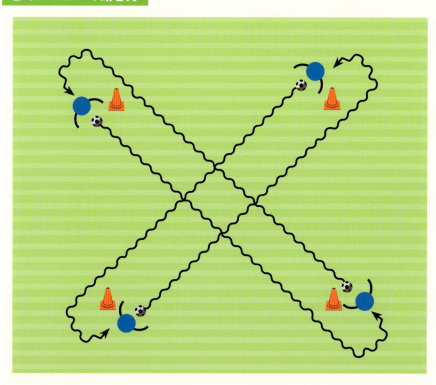

✕ ここに注意！

よりスピードが上がるので周りをよく観ること

基本的なポイントはMenu001と同様だが、対角線に真っすぐドリブルするぶんスピードも出やすい。ぶつからないように顔を上げて、周りを確認しながらボールを運ぼう。

「ボールの運び方」とは？

コーンドリブル

1対1

数的優位

同数＝ミニゲーム

判断

練習メニューの組み立て方

頭を使いながら
判断と技術を高める

ねらい

Menu 003 コーン間通過

難易度 ★★ ☆ ☆ ☆

広さ　15m×15m

カテゴリー

▶ ウオーミングアップ
▶ トレーニング 1
▶ トレーニング 2
▶ ゲーム

やり方

1 コーンを使ってゲートをいろんな場所にランダムにつくる

2 スタート位置のゲート3ヵ所から、3人がコーチの合図でスタートし、すべてのゲートを回って、早く帰ってきた選手の勝ち

3 ゲートの順番は関係なくすべて通過すればいい。ゲートを通る順番は、自分の判断で選んでいい

このメニューの動き方

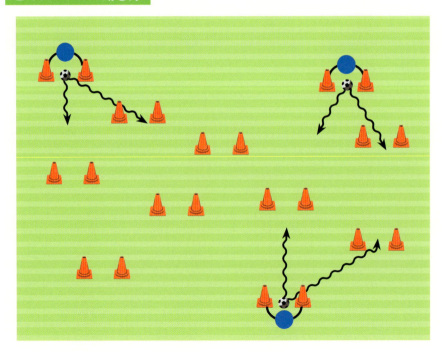

「ボールの運び方」とは？

コーンドリブル

1対1

数的優位

同数＝ミニゲーム

判断

練習メニューの組み立て方

よく観て、考えてプレーする

コーンドリブルのメニューのなかでは、ゲーム性を持った、頭を使って行うメニューでもある。ドリブルの技術を高めると同時に、よく観て、考えてプレーし、判断力を身につけていく。

！ ポイント

顔を上げてのドリブルと判断

すべてのゲートを速く通過するためには、どのゲートを選んでドリブルするかを観て決めなければならない。そのためには、顔を上げて周りを見なければならない。顔を上げてのドリブルが絶対条件になる。どのゲートが空いているかを観て、どのゲートへ進むかをそれぞれが判断してドリブルしよう。このメニューによって観る習慣づけをしていく。

Arrange

スタートの位置を変える。

3ヵ所から同時スタートして競うのがルールだが、スタートの位置を変えることでより混戦になり、より難しくなる。つまり、より見ることが重要になる。さらに同時スタートの人数を10人など大人数に増やして行うと、よりレベルアップしたトレーニングとなる。ハーフコートが目安だが、フルコートにしたり、そのぶんゲートの数を増やしたりして調整しよう。

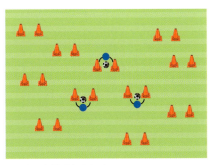

▲スタート位置を変える

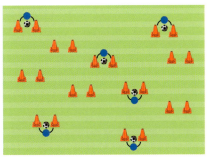

▲同時スタート人数を増やす

コーンドリブル

細かいボールタッチを高める

ねらい

Menu 004 8の字ドリブル

難易度 ★☆☆☆☆

広さ コーン間1.5〜2.5m

カテゴリー

▶ ウオーミングアップ
▶ トレーニング 1
▶ トレーニング 2
▶ ゲーム

やり方

1 コーンを離して、並べて置く
2 8の字に進みながら、ドリルとして、「右足だけ」「左足だけ」
「両足インサイド」「両足アウトサイド」の4パターンのドリブルを行う

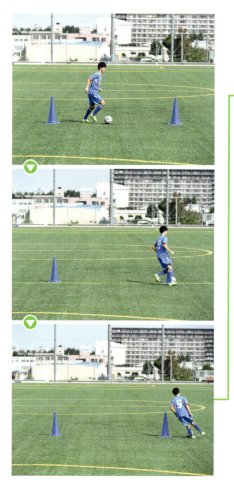
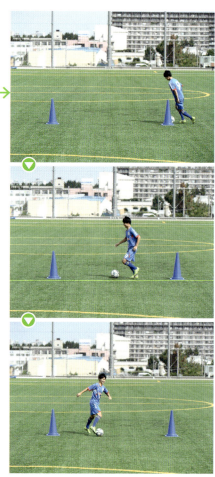

「ボールの選び方」とは？

コーンドリブル

1対1

数的優位

同数＝ミニゲーム

判断

練習メニューの組み立て方

? なぜ必要？

細かいボールタッチを
身につける

インサイド、アウトサイドでのタッチを左右両方の足で行い、細かいボールタッチを身につけるのが目的。足の裏を使うドリブルを試してみてもいいだろう。タッチに集中しすぎて下を見ないように、なるべく顔を上げて行うのも大切。

! ポイント

コーンのギリギリを
通過して行う

8の字に回り、同じメニューで右回り、左回りの両方の回り方を行うので、1つのメニューで左右の足（インサイド、アウトサイド、足の裏）の使い方を習得することができる。リズミカルにドリブルする。ボールに細かく触る習慣づけをする。コーンのギリギリを通過できるようにチャレンジしよう。

[**アウトサイド**]

[**インサイド**]

コーンドリブル

ねらい さまざまなボールタッチを身につける

Menu 005 ジグザグ＆回転

難易度 ★ ☆ ☆ ☆ ☆

広さ コーン間1〜2m

カテゴリー
▶ ウオーミングアップ
▶ トレーニング1
▶ トレーニング2
▶ ゲーム

やり方 ▶

1 コーンを離して、直線上に3〜4つ置く

2 コーンの間をジグザグドリブルで進む（パターン1）

3 コーンを回転しながら進む（パターン2）

このメニューの動き方

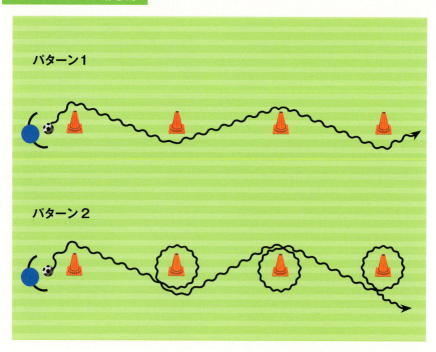

パターン1

パターン2

28

「ボールの運び方」とは？

コーンドリブル

1対1

数的優位

同数＝ミニゲーム

判断

練習メニューの組み立て方

両足のイン、アウトを駆使して さまざまなボールタッチを身につける

コーンの進み方は図で示した2種類だが、ボールタッチは、両足を駆使して、以下に挙げるさまざまなタッチを試しながらやってみよう。

- 右足だけのインサイドとアウトサイド
- 左足だけのインサイドとアウトサイド
- 左右を使って、アウトで行ってインで止めてアウトで行ってインで止めてのインアウト

- 足の裏で止めてアウトで行く足の裏アウト
- 間でフェイントを入れる
- 片足だけでインサイドで回って、次にアウトサイドで回る
- インサイドのダブルタッチ
- アウトで止めてアウトで出るアウトアウト（両足）
- インの切り返し（シュートフェイント）
- アウトの切り返し

! ポイント

ボールに 繊細に触る 意識を持つ

各種のドリブルを行うなかで、いろいろなボールタッチを試して、レベルアップさせる。緩急を意識して、リズミカルにドリブルすることも大切。足を細かく動かし、ボールを繊細に触る意識を持って行おう。

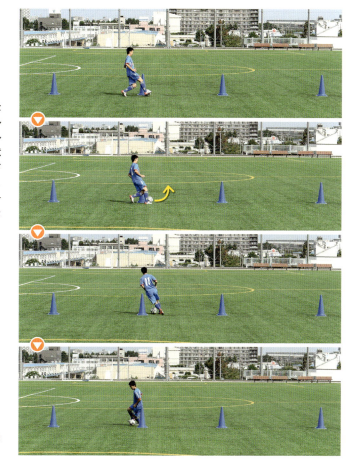

▶なるべくコーンの近くを回ろう

コーンドリブル

緩急をつけたドリブルを身につける

ねらい

難易度 ★

広さ コーン間3〜4m

カテゴリー

▶ ウオーミングアップ
▶ トレーニング 1
▶ トレーニング 2
▶ ゲーム

Menu 006 コーン間を直進

やり方 ▶

1. コーンを互い違いに、図のように6つ置く
2. スピードアップからゆっくり、ゆっくりからスピードアップと緩急をつけたドリブルを行う

このメニューの動き方

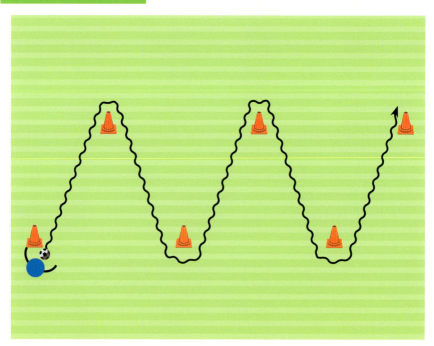

「ボールの運び方」とは？

コーンドリブル

1対1

数的優位

同数＋ミニゲーム

判断

練習メニューの組み立て方

なぜ必要？

スピードを変えて緩急を意識する

Menu005 に比べてコーン間の距離を広げ、角度をつけており、より自由にドリブルがしやすくなっている。まずは、自分のイメージで自由にドリブルしてみる。スピードを上げたドリブル、逆にゆっくりとしたドリブルを行ってみるのもいい。いろいろなドリブルを行ったり、スピードを変えて緩急を意識したりすることで、ドリブル力をアップさせる。

ポイント

ファーストタッチの感覚でボールタッチ

スピードの緩急のバランス、タッチの精度を確認しながら行おう。スピードを変えるときにボールをコントロールする際のボールタッチは、パスを受ける際のファーストタッチの感覚と似ている。ドリブル＋ファーストタッチでボールを運ぶ感覚をつかむ。

ワンポイントアドバイス

≫ 細かいタッチと大きいタッチを使い分ける

ゆっくりと運ぶときはなるべく細かいタッチで、一気に前へ出てスピードアップするときは大きいタッチになる。このメニューでは、それぞれを交互に行ってみよう。

細かいタッチ

▲ゆっくり運ぶときは細かいタッチ

スピードアップ

▲一気に前へ出るときは大きいタッチ

31

コーンドリブル

スピーディーなドリブルを身につける

ねらい

Menu 007 コーンの位置でボールタッチ

カテゴリー
▶ ウオーミングアップ
▶ トレーニング 1
▶ トレーニング 2
▶ ゲーム

やり方

1️⃣ コーンを互い違いに、図のように5つ置く

2️⃣ ボールを次のコーンに向けて出し、同時にスタートして、次のコーンで再びボールをコントロールする形でドリブルを行う

このメニューの動き方

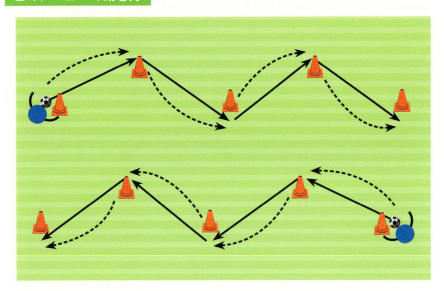

ワンポイントアドバイス

≫ コーンのギリギリを通過する

スピードを出して高いプレッシャーでドリブルをさせる場合は、コーンのギリギリを攻めるドリブルを行うことで、トレーニングの効果をより高められる。コーンのギリギリを通過して、コーンを倒さないように意識させて行うことが、ドリブル力をよりアップさせることにつながる。

「ボールの運び方」とは？

コーンドリブル

1対1

数的優位

同数＝ミニゲーム

判断

練習メニューの組み立て方

！ ポイント

自分の最高スピードの
ドリブルにチャレンジ

このドリブルは、自分ができる最も速いドリブルとして、速いドリブルを心掛けて行う。自分が走れる最高スピードと、ボールスピードのバランスを考え、自分の感覚で最高のスピードのドリブルにチャレンジしてみよう。

A r r a n g e

コーンの数を増やす

コーンを10個程度まで増やしてもいい。最後は疲れてくるが、そのなかでもポイントを意識してできるようにする。

？ なぜ必要？

スピードアップさせたドリブルを身につける

スピードを上げたドリブルで、ボールを前に出して走ってボールに追いつく形になるが、ボールを出す際にどのあたりの場所にボールを置けばうまくいくか、どのくらい強く蹴ればいいか、その感覚をつかむ。自分のスピードとボールのスピード、そして、次の自分のタッチとを合わせる感覚をつかむ。そして、スピードアップさせたドリブルを身につける。

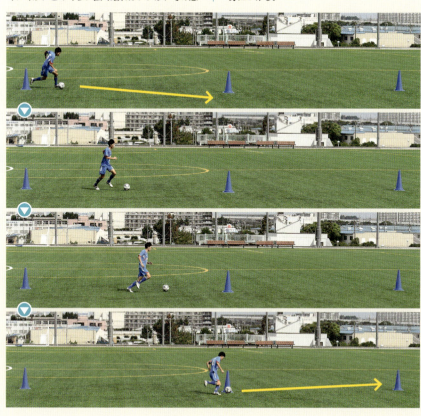

ドリブルのステップを身につける

ねらい

Menu 008 ステップ

難易度 ★ ★

広さ　－

カテゴリー

▶ ウオーミングアップ

▶ トレーニング 1

▶ トレーニング 2

▶ ゲーム

やり方 ▶

1 　ボールを足元に置いて、目の前に相手に見立てたコーンを置く

2 　ボールに触らないように、ステップを踏んでボールの右側、左側に動く

※写真では、2枚目からは動きがわかりやすいようにコーンを置いていない

? なぜ必要？

ドリブルの
ステップワークを覚える

ボールを目の前に置き、ボールには触らないで、ドリブルの際の右、左の足の運びを身につける。ステップワークの形を何度も行い、実際にドリブルを行う際のステップにつなげよう。

! ポイント

ディフェンスがいることを
イメージする

目の前に置いたコーンは、相手ディフェンスを想定している。左右の足の運び方、ステップによって相手をかわすことをイメージしながらやってみよう。コーチに指示を出してもらい、右と言ったら右、左と言ったら左へ動くようにやってもいい。

Arrange

ディフェンスをつけてやってみよう

コーンの代わりに、ディフェンスをつけて行う。同じようにボールを置いて、ボールに触らずにステップを踏む。ディフェンスは、一度だけ足を出していい。ディフェンスの足が出てきたら、オフェンスは、ディフェンスの出した足と反対によける。

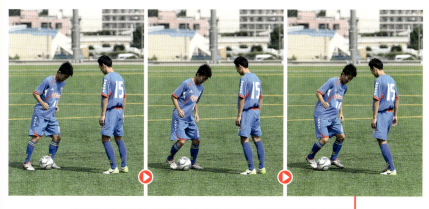

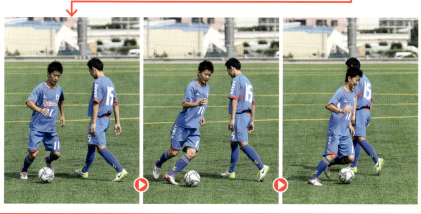

素早い切り返しを身につける

ねらい

Menu 009 ターン

| 難易度 | ★ ☆ ☆ ☆ ☆ |
| 広さ | コーン間4〜6m |

カテゴリー

▶ ウオーミングアップ
▶ トレーニング 1
▶ トレーニング 2
▶ ゲーム

やり方

コーンを2つ置き、その間をドリブル、切り返し、ターン練習を1人で行う

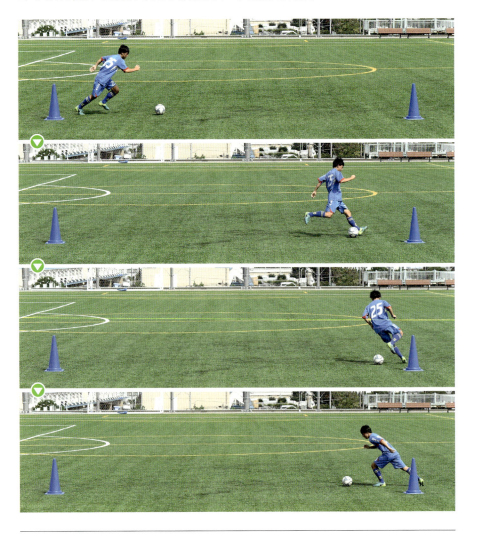

「ボールの運び方」とは？

コーンドリブル

1対1

数的優位

同数＝ミニゲーム

判断

練習メニューの組み立て方

方向転換の方法を覚える

試合中のドリブルでは、方向転換をすることが必要になってくる。このメニューで、そのための切り返し、ターンを身につける。切り返しは、インサイドで行う場合は、インサイドでボールを外側から巻き込み、ボール方向を一気に変えるようにして行おう。顔を上げてコーンへの視野を持つことも大切。

👆 ワンポイントアドバイス

≫ 切り返しの方法はさまざま

ターンの方法を1つに限定する必要はない。以下に4種類の例を挙げるので、試合のなかで状況によってこれらを使い分けられるように、いろんな方法でやってみよう。

[インサイドターン]

[アウトサイドターン]

[足裏ターン①]

[足裏ターン②]

ディフェンスをつけて行う

ディフェンスが後ろからついていく形で行う。ディフェンスはボールを奪わずついていくだけで、プレッシャーを受けながらの練習となる。ドリブルが遅れるようなら、ディフェンスがオフェンスの前のスペースに進行を防ぐように入って、それを抜くのもいい。

［ コーンドリブル編 ］

Q コーンドリブルをうまく行うための
コツを教えてください

A とにかくボールに触れることです

　まず思い通りにボールが扱える技術が必要になります。ドリブルで「イン、アウト」や「アウト、アウト」など足のいろいろな部位を使いながらのボール扱いをしたり、スピードの変化をつけてみたり、ボールを触る場所を変えてみたり、また、ボールを前に出し、5ｍ先で自分のスピードとボールのスピードが一緒にしたりするなどの技術を身につけると、とてもうまくなります。

Q コーンドリブルで、実戦で使えるドリブルを
身につけたいのですが、どうしたらいいですか？

A 相手をイメージして行いましょう

　コーンドリブルは、試合での対人ドリブルが行えるようになるための前段階のトレーニングと位置づけることができます。そのため、コーンドリブルをしながらも、相手がいることをイメージしながら行うといいでしょう。相手が来たとして、相手をかわしながらうまく運ぶイメージ、試合の中のフィールドのエリアを意識してそのエリアをうまく通りながら運ぶイメージを持ち、意識をしてコーンドリブルを行うことで、実戦にも役立つ技術を身につけることができるはずです。

「ボールの運び方」とは？

コーンドリブル

1対1

数的優位

関数＝ミニゲーム

判断

練習メニューの組み立て方

 **コーンドリブルは、
練習のどの時間帯に行えばいいですか？**

 ウオーミングアップが適しています

　コーンドリブルは、基本的に日々のドリルで行うべきもので、トレーニングでは、ウオーミングアップで行うことに適したメニューであるといえます。そこでは、とにかくたくさんボールに触る必要があるので、できれば選手にボール1つを用意して次から次へと行えるような工夫をしていくといいでしょう。ドリブルの技術を上達させるためには、毎日、たくさんボールに触る必要があります。

 **ジュニアユース（中学生）でも
コーンドリブルは必要ですか？**

 すべての年代に必要だと思います

　ジュニア（小学生）年代ならまだしも、ジュニアユース（中学生）やユース（高校生）年代で、ドリルのコーンドリブルは必要なのかという疑問は、当然のことながらあると思いますが、すべての年代においてコーンドリブルは必要であると考えています。自分の体のさまざまな部位を使って、ボールを自分の思い通りに扱えるようにすることは、年齢を問わずに行っていかなければなりません。個々の選手のレベルによっては、より必要になる場合もあるし、レベルの高い選手であっても、技術の確認のために必要になることがあると思います。

column 1

世界のトップレベルも行っているコーンドリブル

　私は、1994〜95年にイタリアのアタランタに練習生として在籍していました。当時は、後にイタリア代表として活躍したアレッシオ・タッキナルディ、ドメニコ・モルフェオ、クリスティアン・ビエリらがおり、みな20代前半の年齢。監督は、後にイタリア代表監督を務めたチェーザレ・プランデッリでした。

　彼らは、チームの練習の際にコーンを使ったジグザグドリブルを行っていました。単純なコーンドリブルも行っていましたし、コーンを使ったアジリティーの練習やシュート練習など、週2回のチーム練習で約40分間をかけて、試合前の練習でもコーンドリブルを行っていました。

　アルゼンチンのマラドーナやメッシも、ユース時代にドリブル練習を行っていたといいます。高校サッカーの強豪の中にも、ドリブル指導で有名で、コーンドリブルもよく行っている高校があります。世界トップレベルの選手もコーンドリブルを練習の中でドリルとして行っていて、日本でもコーンドリブルを行っているチームが成果を出しているのです。

　育成年代のうちに、コーンドリブルでボールフィーリングを身につけ、体重移動やタッチなどの基礎づくりを行っていくことは絶対に必要なことなのです。大人になっても体をスムーズに動かせるように、育成年代に身につけた動きの確認作業は必要になります。

　育成年代のドリブル練習は対人で行うべき、コーンドリブルは必要ないという声も一部であるようですが、コーンドリブルはトップレベルの選手にとっても欠かせないものなのです。

第 2 章

1 対 1

この章では、1 対 1 とは何かを分かりやすく示し、
それを鍛えるための練習メニューを紹介しつつ、
なぜ 1 対 1 が必要なのかを解説していく。

【1対1の概念】

1対1とは？

1対1には、ボール保持者対ディフェンスの1対1、自ら仕掛けて相手との駆け引きを行う1対1、ボールを奪いにくる相手からボールを守る1対1のほかにも、オフ・ザ・ボールの動きで、縦に出るタイミングを計るオフェンス対マーカーのディフェンスとの1対1、コーナーキックやフリーキックの際のマンツーマンマークにおける1対1などさまざまなシチュエーションがある。ここでは、ボール保持者のオフェンス対ボールを奪おうとするディフェンスの1対1を取り上げる。

❓ なぜ必要？

▶ オフェンスから見れば、1対1で突破できればチャンスにつながる。試合でチャンスを広げるためにも、1対1の突破は普段からトレーニングしておく必要がある

▶ 逆にディフェンスから見れば、1対1を突破されないことがピンチを未然に防ぐことにつながる。1対1のディフェンスを普段からトレーニングしておく必要がある

▶ 1対1はボールを運ぶ基本で、優先順位としては、できれば前の相手を抜いて突破することが第一。しかし、簡単には抜かせてもらえないので、その場合は、1対1で前から来る相手に対して、縦に行くと見せて横に運ぶ、横に運びながら再度縦に仕掛けていくなどの動きをしていくことが求められる

リスクなくボールを運べるエリアを知る

1対1は、コーンドリブルとは違い、ボール保持者（オフェンス）に対する相手（ディフェンス）はコーンではなく、1人の動く人間である。そのため、相手のディフェンスの動きは、その都度、その瞬間で変わっていく。ボール保持者から見ると、リスクなくドリブルできる範囲が刻々と変化していくことになる（図：ドリブルで動ける範囲）。

同じ1対1でも多種多様な、さまざまなねらいを持ったトレーニングがあり、いろいろな考え方がある。マルバとしては、リスクなくボールを運ぶことを重視しているので、その視点からのメニューも紹介していきたい。

1対1でボールを運ぶ場合、どの位置ならばリスクがあるかないか、ゴール方向と相手の位置をエリア分けして表したものが「図：リスクの大きさ」である。自分が5、相手が2にいた場合、7、8、9は完全にリスクなし（◎）。4、6はリスクがあるものの少ない（○）。1、3はリスクが大きい（△）。2はリスク最大のドリブル方向（×）である。この基本を頭に入れて、ボールの運び方を選択する参考にしてほしい。

リスクをとって突破していくのもいいし、リスクを避けていったん逃げてから立て直してもいい。それを決めるのは、その状況における個々の判断である。ただ、リスクを関係なくプレーするのと、リスクのあるなしを知ってからプレーするのとでは大きな差がある。リスクを知ってプレーすることで、ピンチを避け、チャンスを潰さない選択をすることができるのである。1と3のエリアへ進入し、突破するためには、仕掛けとリスクを両方大切にしたうえで、仕掛けていく。

1対1は、ボールの運び方におけるリスクの概念を知り、リスクなくボールを運ぶことができるエリアを知るという点においても、欠かすことができないトレーニングと言えるのだ。

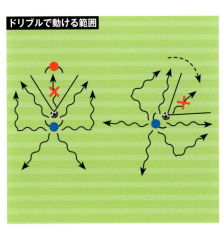

ドリブルで動ける範囲

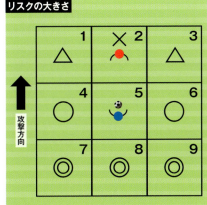

リスクの大きさ

攻撃方向

1 △	2 ✕	3 △
4 ○	5	6 ○
7 ◎	8 ◎	9 ◎

相手の逆をとって運ぶ
（ねらい）

Menu 010 サイドのラインゴール
（狭いグリッド）

やり方 ▶

1 グリッドの四隅にコーンを置き、短辺を、オフェンス、ディフェンスの
それぞれのラインゴールとする

2 コーチがボールを出し、オフェンスは、そのボールを受けてドリブルス
タート。コーチがボールを出したらディフェンスは動いていい

3 オフェンスは、前からディフェンスが来るので、ドリブルして左右、ど
ちらかに逃げる

4 オフェンスは、左右どちらかのラインゴールを突破する。ディフェンス
は、それを阻止する

このメニューの動き方

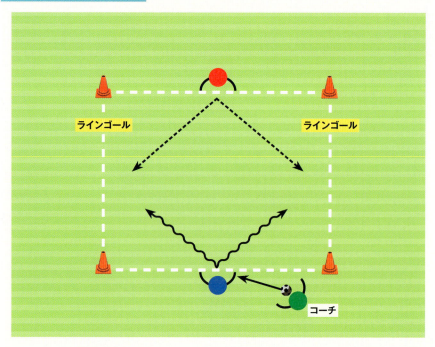

ラインゴール　　　　　　ラインゴール

コーチ

? なぜ必要？

相手の逆をとる

相手の重心の反対側をとる基本的な動きを身につけ、相手の逆をとってボールを運ぶ。オフェンスが、相手ディフェンスの逆をとることは1対1の基本である。さまざまな情報を得て相手の逆をと

る動きを行うことは、1対1のベースの習得に欠かせない。相手の逆をとって逃げる1対1で、ボールを守りながら仕掛けていくイメージを持つ。

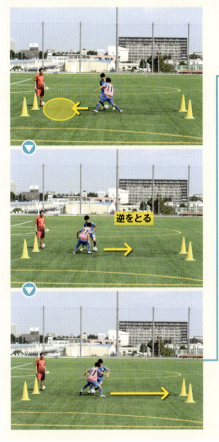

逆をとる

! ポイント

駆け引きで相手をだます

ラインゴールが左右のサイドにあり、どちらかに向かえばいいので、オフェンスがディフェンスをだましやすいオーガナイズとなっている。狭いグリッドなので、一瞬で勝負が決まる。ファーストタッチで

入れ替わり、1つステップを入れて逆をとれるので、ボールを運ぶというよりは、駆け引きで相手をだますことを意識してやってみよう。

広いグリッドで相手の逆をとって運ぶ力をつける

ねらい

Menu 011 サイドのラインゴール（広いグリッド）

難易度	★ ★
広さ	2~3m×6~7m

カテゴリー
▶ トレーニング 1
▶ トレーニング 2

やり方

グリッドの広さを Menu010 よりも広げて、同様のやり方で行う

このメニューの動き方

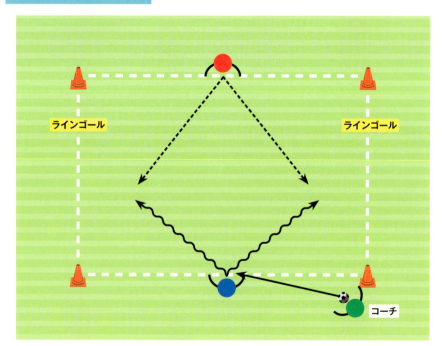

ラインゴール　　　　　　　　　　　　　　　ラインゴール

コーチ

? **なぜ必要？**

グリッドの広さが違えば目的も異なってくる

グリッドが広くなれば、そのぶんオフェンスもディフェンスもプレーの選択肢が広がり自由度も高まるので、狭いグリッドのときと比べるとトレーニングの目的が異なってくる。同じメニューでも習得するべきものが違ってくるのだ。グリッドを広くすることで、逆をとる駆け引きの要素がより強くなるということも理解しておこう。

! **ポイント**

相手の動きをよく観て逆をとる

オフェンスがディフェンスの逆をとるためには、駆け引きが必要になるが、駆け引きを効果的に行うためにはよく観ることが欠かせない。スペースがあるので、相手の動きをよく観て逆をとる駆け引きを行う。

👆 **ワンポイントアドバイス**

≫ 一瞬で勝負が決まらないが駆け引きの要素は高まる

グリッドを広くすると、距離ができるので、一瞬で勝負が決まらない。オフェンスはより長く運び、ディフェンスはより動くことが必要になる。オフェンスが運んでも、距離があるので、ディフェンスは完全に抜かれないでついていくことができる。オフェンス側からすると、突破しにくくなるとも言える。一方で、スペースが広くなることで、オフェンスは逆がとりやすくなり、駆け引きの要素はより高まる。レベルによってもグリッドの大きさは変えられる。選手のレベルがなかなか上がらなかったり、逆に、レベルが上がってきたと感じたりしたときに、グリッドを広くしたり、狭くしたりする必要性が出てくる。コーチが、今必要なサイズ感を感じることが大切である。

▶逆をとってもディフェンスはついてくる。うまく駆け引きをして振り切ろう

1対1

難易度	★ ★
広さ	2~3m×6~7m

▶ 顔を上げさせて 相手の逆をとって運ぶ
ねらい

カテゴリー
▶ トレーニング 1
▶ トレーニング 2

Menu 012 サイドのラインゴール （真横からのボール）

やり方

1. 準備はMenu011と同様。コーチが図のようにオフェンスの真横の位置にボールを持つ
2. コーチが、オフェンスの真横（隣）からボールを置く。
   オフェンスは、そのボールを触ってスタート。
   コーチがボールを出したらディフェンスは動いていい
3. オフェンスは、前からディフェンスが来るので、ドリブルして左右、どちらかに逃げる
4. オフェンスは、左右どちらかのラインゴールを突破する。ディフェンスは、それを阻止する

このメニューの動き方

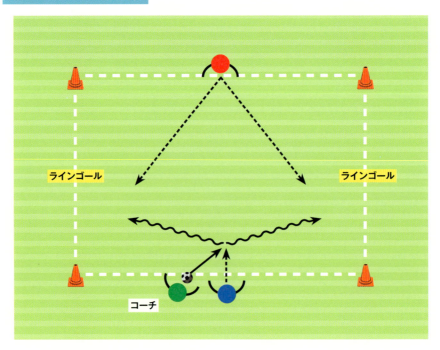

ラインゴール　　　　　　　　　　　　　ラインゴール

コーチ

「ボールの運び方」とは？

コーンドリブル

1対1

数的優位

同数＝ミニゲーム

判断

練習メニューの組み立て方

? なぜ必要？

顔を上げる大切さに気づかせる

サッカーでは、顔を上げること、そして、顔を上げることが大切なのだと気づかせることが必要とされている。このメニューは、オフェンスの近くからコーチがボールを転がすので、パスを受けるときよりも顔を上げてプレーすることの重要性を選手に分からせることができる点で大事なトレーニングである。また、このメニューは、小さい子供やスタート時期の選手（サッカーをはじめて間もない）に特にいいトレーニングだ。

▲コーチは選手のすぐ横にボールを転がす

👆 ワンポイントアドバイス

≫ ボールを見ないでボールを扱う

コーチが横からボールを出すのは、選手の顔を上げさせるため。目に見える位置からパスをもらうと、パスを見るので顔が上がらなくなる。常に顔を上げ、足元にボールがある場合は、ボールを見ないでボール扱いをする習慣を身につけることで、ドリブルにおいてもボールを見ないで自然にドリブルできるようにしていく。そういう習慣づけをするだけでもボール扱いはうまくなっていく。ファーストタッチのコントロールを意識して行う。

🆗 顔が上がっている

❌ 顔が下がっている

ディフェンスの状態を観て進む方向を決める

ねらい

Menu 013 前方左右の斜めの ラインゴール

やり方

1. 左右前方に1つずつ、コーンで2つのラインゴールを図のように斜めに設置する。
　ラインゴールのコーンは左右で違う色にする。図では黄色と青にしている
2. コーチが、オフェンスの横からボールを出す。オフェンスは、そのボールを受けてドリブルスタート。
　コーチがボールを出したらディフェンスは動いていい
3. オフェンスは、前からディフェンスが来るので、ドリブルして左右、どちらかに逃げ、
　左右前方のラインゴール突破を目指す。ディフェンスはそれを阻止する

このメニューの動き方

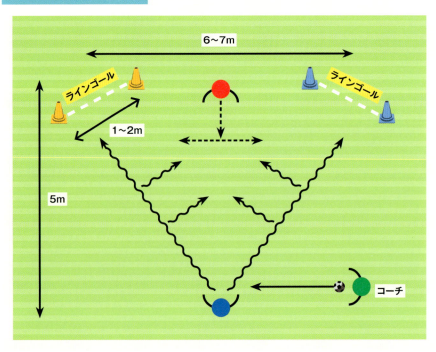

6〜7m

ラインゴール

ラインゴール

1〜2m

5m

コーチ

よりゲームに近づけたメニューでの逆のとり方を身につける

Menu010〜012のメニューでオフェンスは簡単に横に逃げられたが、このメニューは、横ではなく前方のラインゴールをねらうので、よりゲームに近づけたメニューとなる。実際にゲームを行う前の段階として、これらのメニューを挟みながら、徐々にゲームに近づけていく。より実戦的なメニューでの逆のとり方、駆け引きの仕方を経験できる。

コーンの色分けにも意味がある

これらのトレーニングメニューでコーンの色を使い分けているのは、コーチが指導をしやすいためである。「黄色が切られている」「青が空いている」など、色で分けることで、プレーしている選手がより分かりやすいコーチングができるはずだ。選手たちはボールに意識が向きがちなので、コーチングのわかりやすさも考慮にいれてメニューを考えるのも大切だ。

! ポイント

ディフェンスの動きを観て切られるほうのゴールを予測する

よりゲームに近くなるので、より難しくなる。ディフェンスにどちらかのラインゴールのサイドを切らせて、反対側に運ぶ意識を持って行う。どちらかのラインゴールを切らせて、反対のゴールを目指す。反対のゴールサイドが切られたら、再びその反対のゴールを目指す。空いているラインゴールがあればそのまま進む。ディフェンスの動き、体重の掛け方、目線などで、どちらのラインゴールが切られるかを予測する。ドリブルとは、突破するプレーというだけではなく、そこに進むことで、ディフェンスにコースを切らせて新たなスペースをつくり出すプレーであることも理解させる。

▲ディフェンスが右側に体重をかけている

相手をよく観て判断することの大切さを知る

ねらい

Menu 014 前方左右のラインゴール①

やり方 ◀

1. 左右前方に1つずつ、コーンで2つのラインゴールを図のように、スタート位置と平行に設置する

2. コーチが、オフェンスの横からボールを出す。オフェンスは、そのボールを受けてドリブルスタート。コーチがボールを出したらディフェンスは動いていい

3. オフェンスは、前からディフェンスが来るので、ドリブルして左右、どちらかに逃げ、左右斜め前方のラインゴール突破を目指す。ディフェンスはそれを阻止する

4. ディフェンスのスタート位置を変えて行う

このメニューの動き方

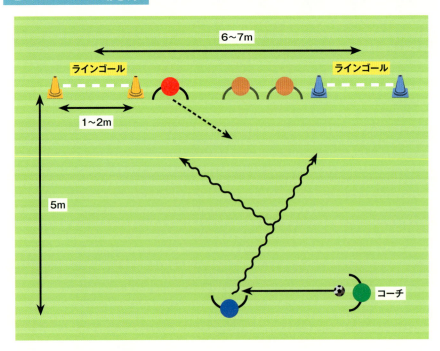

ラインゴール　6～7m　ラインゴール

1～2m

5m

コーチ

❓ なぜ必要？

観ることの必要性を学ぶ

オフェンスは、スタート時にボールとディフェンスの両方を観なければならない。そこで、相手の動きをよく観て、目指すゴールを素早く判断する。その必要性をこのメニューで学ぼう。

Arrange

コーチが浮き球のボールを配給する

👆 ワンポイントアドバイス

≫ よく観て判断する

スタートの際に、相手を観ながらボールが出る位置、ボールの行先を観る。ディフェンスとボールの両方を観る。ディフェンスがどのタイミングで動くか。ディフェンスの動き方によって、どちらのラインゴールを目指すか、ギリギリの

瞬間までよく観て判断する。ファーストタッチで、どこにボールを置けば、次のプレーでディフェンスに対して優位に立てるか、ボールを置く場所を考える。

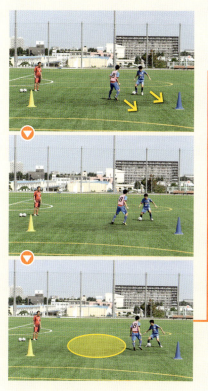

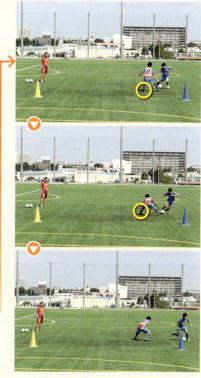

顔を上げて相手と
ボールをよく観る

ねらい

難易度 ★ ★

広さ　図を参照

カテゴリー

▶ トレーニング 1

▶ トレーニング 2

Menu 015 前方左右のラインゴール②

やり方

1. 左右前方に1つずつ、コーンで2つのラインゴールを図のように、
   スタート位置と平行に設置する
2. コーチが、オフェンスの真横（隣）からボールを置く。オフェンスは、
   そのボールを触ってスタートする。コーチがボールを出したらディフェンスは動いていい
3. オフェンスは、前からディフェンスが来るので、ドリブルで左右、どちらかに逃げ、
   左右前方のラインゴール突破を目指す。ディフェンスはそれを阻止する

このメニューの動き方

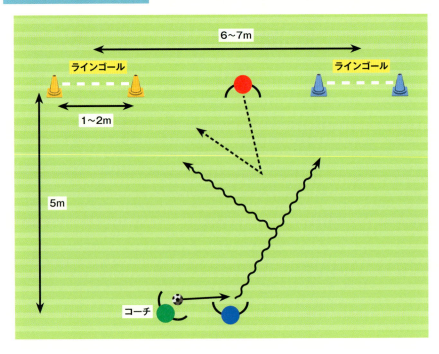

ワンポイントアドバイス

≫ 顔を上げて、相手を観ながらプレーする

Menu014と似ているが、トレーニングのねらいは全く違ってくる。このメニューは、Menu012と同様に、コーチが真横＝隣にいてボールを出す（ボールを置く）ので、最初から顔を上げてのスタートができる点が特徴である。顔を上げさせることをメインの目的として行うようにしよう。スタートの際に、相手を観ながらボールの行先を観て、ディフェンスとボールの両方を観るようにするといい。顔を上げて、相手を観ながらプレーする実戦的な形を身につけていく。

✕ ここに注意！

漠然とプレーしないようにしっかりとコーチングをする

ここまで、1対1の状況のなかでオフェンス側がボールを持ち、ドリブルをスタートし、サイド、あるいは前方に設置されたラインゴールを突破するというトレーニングメニューをいくつか紹介してきた。どれも基本的なルールは同じで、スタートの仕方や、ゴールの位置、形が違うだけと思うかもしれないが、それぞれ異なる目的や意図があることは、これまで説明してきた通りだ。選手は、目の前の相手との1対1に打ち勝ち、ゴールを目指そうと精一杯になってしまいがちなので、しっかりとコーチが声を掛けて、選手にトレーニングの目的をはっきりと伝えていく必要がある。ただここに書いてあるとおりに選手にやらせるのではなく、目的を理解させながら行うことで、トレーニングはより効果的なものになっていくはずだ。

1対1

リスクなく 相手の逆をとる

（ねらい）

Menu 016 前方斜めのラインゴール

やり方

1. コーンを4つ使って図のような形をつくる。
   前方左右の辺をそれぞれラインゴール A、ラインゴール B とする
2. コーチが横からボールを出し、オフェンスは、コーチからボールを受け、
   ラインゴールAかBのドリブル通過を目指す
3. AかBのどちらかを目指し、目指したラインゴールが空いていればそのま
   ま進み、ディフェンスに切られたら逆のラインゴールを目指す
4. ディフェンスは突破を阻止する

このメニューの動き方　［ パターンA ］

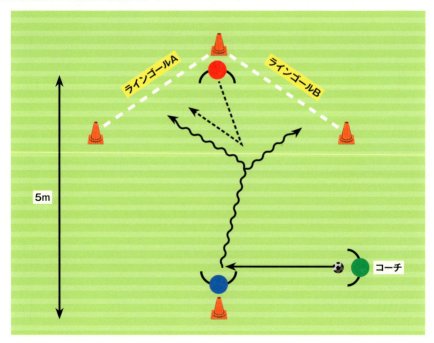

56

「ボールの運び方」とは？

コーンドリブル

1対1

数的優位

同数＝ミニゲーム

判断

練習メニューの組み立て方

駆け引きの重要性に気づかせる

これまでより難しいメニューといえる。パターンA、Bは形が似ているメニューだが、Aはオフェンス不利ディフェンス有利、Bはオフェンス有利ディフェンス不利のオーガナイズとなる。ディフェンス有利での駆け引きとオフェンス有利での駆け引きを、交互に行うことでトレーニングの効果を高めることができる。相手の逆をとるトレーニングだが、より駆け引きに重点を置いていて、駆け引きの重要性を選手に気づかせることができる。

運ぶコースを見せて、逆をとる

相手の逆をとることを目指す。できれば相手を完全に逆に行かせて、相手の背中をとることを目指す。そのために、真っすぐ行って方向転換する。方向転換の際は、大きく2つ、Aに行くと見せてBに行く、Bに行くと見せてAに行くという選択肢がある。ボールを受け、ディフェンスが来る間にスピードでAに行くふりをして相手を引きつけて逆をとり、Bの通過を目指す。運ぶコースを相手に見せ、相手をそこに行かせて逆をとる。しかし、近づきすぎると相手に当たってしまうので、相手との距離感を考えよう。見せてから反対に行くことで、リスクなく運ぶ基礎を身につける。

このメニューの動き方　[パターンB]

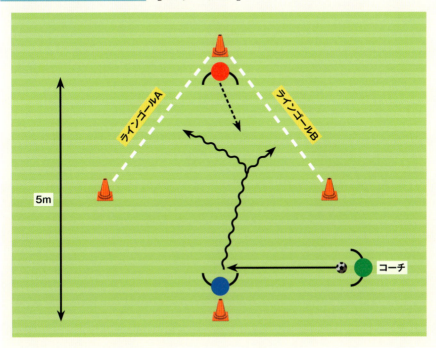

難易度 ★ ★

広さ　5m×4m

カテゴリー
▶ トレーニング 1
▶ トレーニング 2

相手の逆を取って運ぶ駆け引きと素早い判断を身につける

ねらい

Menu 017 前後のラインゴール

やり方

1. オフェンスとディフェンスをそれぞれ、図のように対面する辺の中央付近に配置する。オフェンスの正面の辺をオフェンスのラインゴールとする
2. コーチが横からボールを出し、そのボールを受けたオフェンスは、正面のラインゴール突破を目指す
3. 反対側の辺をディフェンスのラインゴールとする。ディフェンスは、ボールを奪ったら、そのラインゴール突破を目指す

このメニューの動き方

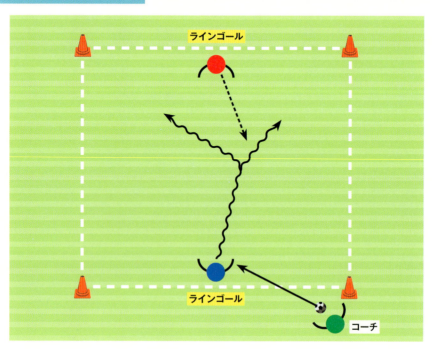

ラインゴール

ラインゴール

コーチ

❓ なぜ必要？

実戦的な突破の仕方を身につける

四角の1辺だけのラインゴールなので、一方向に行くふりをして、逆に行って抜くというやり方は難しい。ディフェンスから逃げにくくなり、Menu010～016より、より難易度の高いメニューである。これまでのメニューと比較してかなり難しい突破となる。実戦に近づけたメニューなので、チャレンジさせて実戦的な突破の仕方を身につけるためにも必要になる。

A r r a n g e

よりグリッドを広げよう

基本的な広さは5m×4mを基準に、状況、選手の習熟度に応じてグリッドの広さを調整して行おう。たとえば、8m×5mなどグリッドを広くすることで、オフェンスはディフェンスからの逃げどころができる。

ワンポイントアドバイス ≫ 左右のサイドを意識して行う

2つのラインゴールではなく、今回は1つのラインゴールとなる。それでも、中央から左のラインまでの左サイド（Ⓐ）、中央から右のラインまでを右サイド（Ⓑ）と見て、Ⓐに行くふりをしてⒷに、Ⓑに行くふりをしてⒶにというように、ディフェスに揺さぶりをかけて抜いていく。実際にコーンは置かないが、コーンがある

イメージを持つと相手の逆をとるイメージがよりつきやすい。コーチが横、少し後ろ側からボールを出し、ボールに目が行くので、オフェンスの視線は一瞬ディフェンスから外れる。その中でも、オフェンスはディフェンスの動きを逃さないようにして、素早い判断を心掛けよう。

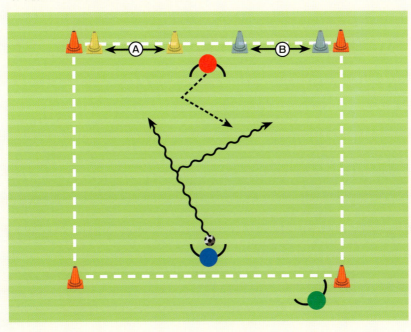

細かいステップワークで相手の逆をとる

（ねらい）

Menu 018　前後のラインゴール（狭いグリッド）

やり方

1　オフェンスとディフェンスをそれぞれ、図のように対面する辺の中央付近に配置する。
オフェンスとディフェンスが図のように対面する。
オフェンスの正面の辺をオフェンスのラインゴールとする

2　コーチが横からボールを出し、そのボールを受けたオフェンスは、
正面のラインゴール突破を目指す

3　反対側の辺をディフェンスのラインゴールとする。
ディフェンスは、ボールを奪ったら、反対側のラインゴール突破を目指す

このメニューの動き方

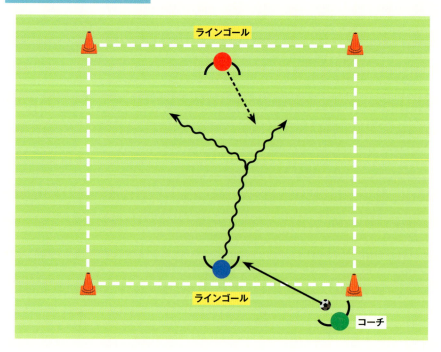

ラインゴール

ラインゴール

コーチ

「ボールの運び方」
とは？

コーンドリブル

1対1

数的優位

同数＝ミニゲーム

判断

練習メニューの
組み立て方

細かいステップで
相手を誘って一気に抜く

Menu017より狭いグリッドでのプレーになる
ので、突破をするのはより難しくなり、さらに実
戦に近づけたメニューとなる。相手の動きを観る
こと、相手との駆け引きに加え、細かいステップ
を意識して行い、相手を誘いながら一気に抜く動
きを習得する。

サイドへの意識と
細かいステップワーク

Menu017よりも、より狭いグリッドなので、逃
げどころが少なく、難しいトレーニングになる。左
（右）サイドからボールを運び、縦に行くと見せて
右（左）サイドに行くというように、サイドを意識
する。ボールを細かく動かしながら運び、細かいス
テップワークを意識して行う。たとえば、相手をダ
ブルタッチでかわすなども有効だ。

👆 ワンポイントアドバイス

≫ 必ず安全に運べるエリアがある

1対1には、突破が困難なメニューもある。し
かし、どのような守り方をされたとしても、周
囲には必ず安全に運べるエリアがある（下図左）
ので、冷静に状況判断してプレーすることが大
切である。また、運ぶ方向を見せ、ディフェン
スをついてこさせて逆をとることで、安全に運
べるエリアをつくり出すことができる（下図
右）。どのエリアが切られているか、切られて
いないかを確認して、リスクを軽減して運ぶこ
とができるのである。

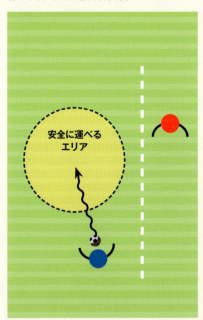

▲安全に運べるエリアは必ずある

▲安全に運べるエリアをつくり出す

1対1

ディフェンスを背負った状態からの運びと突破を身につける

ねらい

Menu 019 前方斜めのラインゴール
（後方からのボール）

やり方

1 図のように、オフェンスとディフェンスは前方で、
オフェンスが後ろ向きでディフェンスを背負った形からはじめる

2 コーチが、後方からオフェンスにボールを出す。オフェンスは寄りながら受ける

3 コーチからのボールを受けたオフェンスは、ディフェンスを背負いながら、
くさびのパスを受ける形でボールを受けて後方のラインゴール A または B の通過を目指す

4 ディフェンスは突破を阻止する

このメニューの動き方

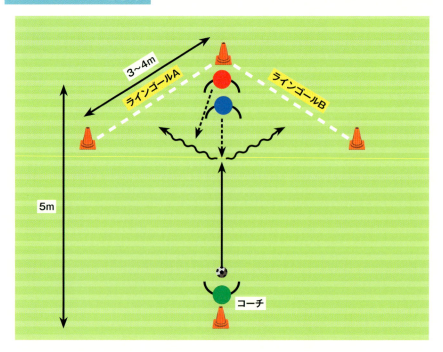

3~4m

ラインゴールA

ラインゴールB

5m

コーチ

? なぜ必要？

ディフェンスを背負った状態の実戦

ディフェンスを背負った状態でのドリブル、ターン、フェイント、とくに体の向きを利用したフェイントを行う。ディフェンスを背負った状態、オフェンスを前にした状態での攻防はゴール前ではよくあるので、そういう状態での実戦的なボールの運び方、突破の仕方をこのメニューで学ぶ。

! ポイント

相手ディフェンスの位置を探り、確認する

後ろに背負ったディフェンスをいかに観るかが大切。体を斜めにして横目で、あるいは間接視野でディフェンスを観よう。また、体を密着させたり、手で相手を触ったりすることで相手の位置を探る。ディフェンスが後ろからついてきているかどうか、どこを切られているか、どこが空いているかを確認し、確認できたら相手の力を使ったり体を使ったりして逆をとる。スピードで突破するというよりも、ゆっくりでもいいのでボールを失わないように行ってみよう。

[後方のディフェンスの動きを確認して逆をとる]

相手の動きを読んでゴールをねらう

ねらい

難易度 ★ ★ ★

広さ　図を参照

カテゴリー

▶ トレーニング 2

Menu 020 ゴール前での1対1①

やり方

1. ゴール前、ペナルティーエリアにコーンを2つ置き、その手前にオフェンスとディフェンスが位置する
2. コーチが、後方からオフェンスに向けてボールを供給する。図のように真後ろからでも、左右斜めからでもよい
3. オフェンスは、2つのコーンを右外回りか、左外回りかで通過して、ゴールをねらう

このメニューの動き方

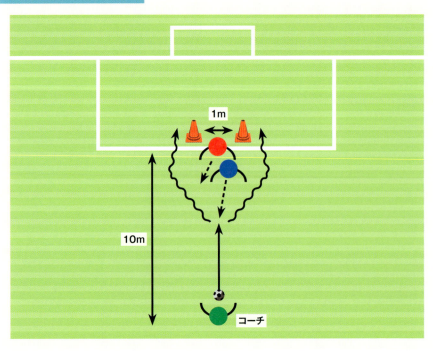

1m

10m

コーチ

「ボールの運び方」とは？

コーンドリブル

1対1

数的優位

同数＝ミニゲーム

判断

練習メニューの組み立て方

❓ なぜ必要？

ゴール前の１対１の局面での動き方を学ぶ

ここまではコーンでつくったグリッド内で動きを確認してきたが、ここで行うのは実際にゴール前での１対１で、ゴールをねらうトレーニングである。ゴール前の１つの局面として、ゴール前での動き方、駆け引きをしながらゴールのねらい方を学ぶ。

👆 ワンポイントアドバイス

≫ 相手と駆け引きし、逆方向に一歩早く出る

オフェンスは、背後から追いかけてくる相手を意識して、左右どちらを回ればいいかを判断する。ボールを受ける前に首を振って相手の位置を確認し、相手の動きを読み、駆け引きをして、相手の読みと逆方向に一歩早く出て運ぶ。ディフェンスは、オフェンスの動きを読んで、オフェンスからボールを奪う。

▶首を振って相手の位置を確認する

相手の動きをよく観て ゴールをねらう

ねらい

Menu 021 ゴール前での1対1②

やり方

1　ゴール前、ペナルティーエリア手前にコーン4つを図のような形に置く
2　オフェンスが 1 から、ディフェンスが反対側の 2 のコーンからコーチの合図でスタートする
3　オフェンスは 4 のコーンを、ディフェンスは 3 のコーンを反時計回りで回る
4　コーチが、斜め後方からオフェンスにボールを出す。
5　オフェンスは 1 と 3 もしくは 2 と 3 の間を突破しシュートを打つ。
　　ディフェンスはそれを阻止する

このメニューの動き方

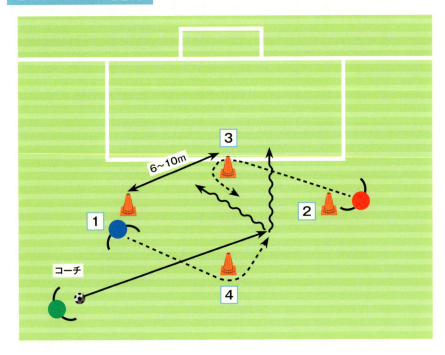

6~10m

コーチ

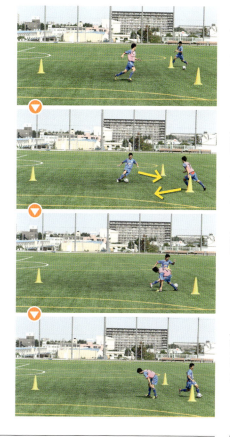

「ボールの運び方」とは？

コーンドリブル

1対1

数的優位

同数＝ミニゲーム

判断

練習メニューの組み立て方

? なぜ必要？ オフェンス有利な状況を生かす

ゴール前の1対1だが、オフェンスに有利な設定にしてある。
オフェンスには、その有利さをどうすれば生かせるかを考えさせる。

! ポイント

そのまま突破か、追いつかれたら逆をとる

オフェンスは、ディフェンスの動きを走りながら観て、突破のタイミングを計る。オフェンスに有利な設定であるが、その有利さを生かせるようにプレーする。オフェンスの方が早くスペースを突けるので、基本的には、そのままスピードを上げて突破していく。前が空いているときに相手に並ぶ場所までいけ

れば、シュートまたはドリブル突破のチャンス。ディフェンスが早く来て追いつかれたら、ディフェンスの逆をとろう。そこに駆け引きがあるから、シュート、ドリブル突破、中へのドリブルを相手に見せることができるのだ。

[そのまま突破]　　　　　　　　　　[逆をとる]

速い判断で
相手の逆をとる

ねらい

Menu 022 ゴール前での1対1③

やり方

1 Menu021 の変形で、ペナルティーエリアの手前にコーンでグリッドをつくる
2 オフェンスは図の位置から反時計回りで、
　ディフェンスは図の位置から反時計回りでスタート
3 コーチがオフェンスにパスを出す
4 オフェンスはコーンの間を突破しゴールをねらってシュートを打つ。
　ディフェンスはそれを阻止する

このメニューの動き方

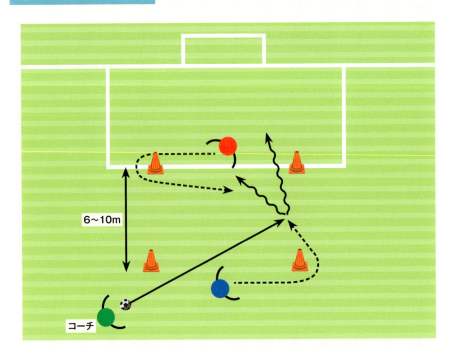

6～10m

コーチ

なぜ必要？

縦のスペースの生かし方を考えさせる

基本的に縦のスペースが空くので、そのスペースを生かす。
ゴール前で、縦にスペースがあった場合、そのスペースをどう生かすかを考えさせる。

Extra

ラインゴールでもよい

選手の人数が多い場合は、コーンでラインゴールとして、
同時に多くの選手ができるようにする。

Arrange

縦の距離を変えることで
縦に有利な場合と不利な場合の突破を行う

コーンの縦の距離を変えることで、目的を変えたトレーニングにすることができる。コーン間の距離が6mの場合は、オフェンスが縦に有利になるので、オフェンスは速い判断で縦に運び、一気に突破を図るよう

にする。コーン間の距離が10mの場合は、オフェンスが縦に不利になるので、ボールを運びながらディフェンスの動きをよく観て、駆け引きをし、相手の逆をとって突破を図るようにする。

[6mの場合＝縦の距離が短い]

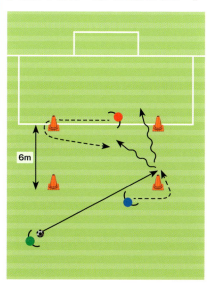

[10mの場合＝縦の距離が長い]

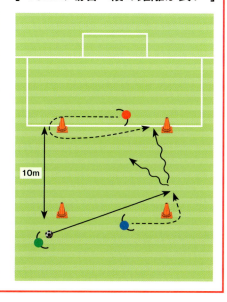

相手をよく観て、だまして逆をとる

Menu 023 対面の1対1

やり方

1. コーン2つを3〜5m空けて置き、ラインをつくる
2. オフェンスとディフェンスが対面し、オフェンスがボールを持つ
3. オフェンスは目の前のライン通過を目指し、ディフェンスはオフェンスのライン通過を阻止する。
   ただし、ディフェンスはコーン間（ライン上）しか動けない

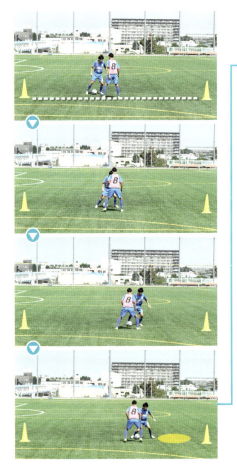
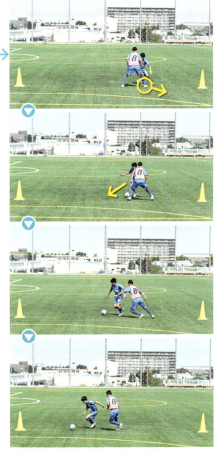

なぜ必要？

いかにディフェンスをだますか

フェイント、切り返し、スクリーンとさまざまな
やり方を使って突破するプレーを身につける。体

の向き、体重のかかり、目線などをフェイントの
手段として使い、ディフェンスをだます。

✕ ここに注意！

相手をよく観て、予測しないと逆はとれない

オフェンスの突破を阻むために、ディフェンスも
オフェンスの動きを観ながら、動きにだまされな
いようについてくる。そのため、ディフェンスの
体がどちらへ向いているのか、どちらの足に体重

がかかっているのか、目線はどこへ向いているか
など、オフェンスはよく観て逆をとらないと突破
するのは難しい。相手の動きを予測して、逆をと
ることが大切だ。

［ ディフェンスに動きを読まれている状態 ］

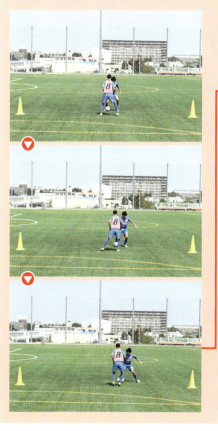

エリアに対する基本的な考え方を理解する

ねらい

難易度 ★

広さ　やり方を参照

カテゴリー

▶ ウォーミングアップ

▶ トレーニング 1

Menu 024 コーンを挟んだ1対1

やり方

1 コーン6つほどを隙間なく付けて設置し（約2m）、それを挟んで1対1を行う

2 コーンの間は通れないので、相手の逆をとって、コーンの右か左へ突破する

3 ボールなし、ボールありで行う。ボールなしの場合は、ディフェンスがオフェンスの体にタッチする。ボールありの場合は、ディフェンスがボールを奪う

[ボールありの場合]

「ホールの運び方」とは？

コーンドリブル

1対1

数的優位

同数＝ミニゲーム

判断

練習メニューの組み立て方

エリアに対する考え方を身につける

コーンを障害物として置き、それを挟んで1対1を行うことで、エリアをとるとはいったいどういうことか、エリアの理解の初歩をこのトレーニングで学ぶことができる。最も初歩となる、エリアに対する考え方を身につけるトレーニングと言える。これまでのトレーニングと同様、駆け引きのなかで相手の逆をとり、突破をねらっていこう。

遊びから学ぶ

エリアの考え方の基本は、右（左）から行くと相手も同じ方向に来るので、その逆、左（右）のエリアをとることができるということである。つまり、どちらかに相手を引きつける（おびき寄せる）＝コースを切らせることでスペースを空ければ、突破するコースができるということだ。遊びのような1対1だが、エリアの考え方を頭に入れながら、フェイントを使って、駆け引きをしていこう。

相手が来たら
逆のエリアをとる

エリアを意識した プレーを実践する

（ねらい）

Menu 025 中央に円をつくる1対1

やり方

1　短い辺をラインゴールとする。
　　また、コートの中央につくる直径1mの円の中は侵入不可エリアとする
2　1対1でラインゴール突破を目指す

このメニューの動き方

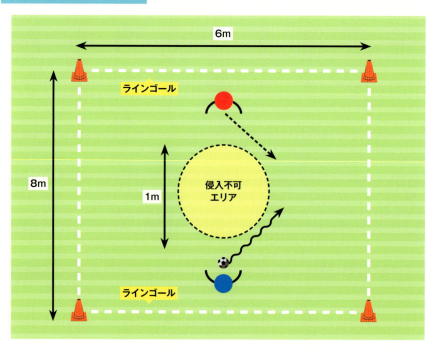

6m

ラインゴール

侵入不可エリア

1m

8m

ラインゴール

? なぜ必要？

ゲーム形式でエリアを理解する

Menu024 を発展させたトレーニングで、最も初歩となるエリアに対する考え方を学ぶ。このメニューについては少し実戦に近づけたゲーム形式で、楽しみながらエリアの理解を身につけること

ができる。エリアという制限をつけてはいるが、それを考えた駆け引きをディフェンスと行い、ラインゴール突破を目指そう。

! ポイント

楽しみながらエリアの初歩を理解する

エリアをとるとはどういうことか。エリアの理解の初歩を学ぶ。円の周りをぐるぐる回って、ボールを運び、逃げて、相手の逆をとる。逃げるドリブルの意識を持って行う。どこに逃げることができて、ど

こに逃げられないかを考えてプレーする。遊びの要素を含んだメニューなので、楽しみながらエリアを理解する。

✕ ここに注意!

ディフェンスのトレーニングでもある

本書では「ボールを運ぶ」を主題に置いているため、各トレーニングのメニューのねらいや目的、ポイントなどは基本的にはオフェンス側の立場で解説している。しかし、ディフェンスの選手もしっかりとねらいなどを理解したうえで、相手がどう

仕掛けてくるのかを考えながらプレーすれば、ディフェンスのトレーニングにもなるし、オフェンスの立場になったときに生かされるはず。ディフェンスも、しっかりと考えながら取り組もう。

体を使って エリアを理解する

ねらい

Menu 026 2ヵ所のラインゴールの1対1

やり方

1. 青のコーンのラインゴールと、赤のコーンのラインゴールを対角に置く
2. 1人は青のラインゴールを、1人は赤のラインゴールしか通過できない
3. コーチがボールを供給してスタート

? なぜ必要?

体を使ってエリアをつくる基本を理解する

コーチからのパスをオフェンスが受ける際に、ディフェンスにマークされた状況でのプレーとなる。そのまま受けると相手にボールを奪われてしまうため、体を使って相手を押さえる必要がでてくる。そこで、相手を押さえた逆側が動けるエリアになる。体を使ってエリアをつくる、エリアの基本を理解する。

このメニューの動き方

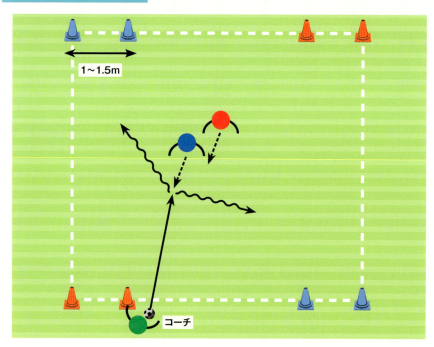

1〜1.5m

コーチ

ワンポイントアドバイス　» ゴールが2つある意義

コーンでつくったラインゴールが2つあることで、オフェンスはどちらにもボールを運ぶことができる。そのため、ディフェンスはどちらかのゴールを守る必要があり、オフェンスは逆をとるという基本・基礎を身につけることができる。その点を踏まえて取り組んでみよう。

！ ポイント

体を使って相手の逆をとり、駆け引きをする

ここでは、体を使うことでエリアをつくる基本の理解を深める。相手を右（左）側で止めると左（右）側が動けるエリアとなり、背中で相手を押さえると前方が動けるエリアになる。その基本を理解して、体を使って相手の逆をとる。攻めるゴールと、守るゴールが互い違いになっているので、お互いに逆をとり合ってボールを運び、ボールを奪う。相手との駆け引きをしながら、遊び感覚で楽しく行おう。

[相手を押さえながら逆をとる]

体を使って
エリアを理解する

ねらい

Menu 027 コーンタッチ

やり方 ▶

1 コーンを挟んで、オフェンスとディフェンスが1対1でボールを持たずに対峙する

2 オフェンスは、コーンに先にタッチする。ディフェンスは先にタッチされないようにふさぐ。
ディフェンスが先にタッチすると、オフェンスはタッチすることができない

3 タッチをふさがれたオフェンスは、もう1つのコーンへのタッチをねらう

なぜ必要？

細かいステップをしながら
相手の動きを観て
相手の逆をとる基本を学ぶ

シンプルなトレーニングであるが、相手の動きの逆をとるというサッカーの基本が詰まっている。相手の動きを観て相手の逆をとることで、エリアをとることができるという基本を学ぶ。細かいステップを駆使して相手の逆を突こう。

ポイント

遊びの中で楽しみながら
逆をとることを覚える

ウオーミングアップのトレーニングなので、コーチの指示のもと行ってもいいし、選手が自分たちで自由にはじめてもいい。遊びの中で楽しみながら行い、逆をとることを覚えていくのに適したトレーニングだ。1セットの時間は任意だが、見た目以上にハードでもあるので、どれくらい行うかはトレーニング全体を考慮したうえで設定してほしい。

Arrange

ボールを使ってやってみよう

ボールを使わずに、シンプルにコーンをタッチするのが基本的なやり方だが、発展形として、オフェンスがボールを持ちながら行う形もやってみよう。その際、ディフェンスはボールを奪うのではなく、ボールを使わないときと同じようにコーンへのタッチをふさぐようにする。オフェンスは横に細かく動きながら、相手も見て逆をとることをねらいつつ、ボールもコントロールするので難易度はかなり高くなる。まずはボールなしで上手にできるようになってから、やってみるといい。

[1対1編]

Q 1対1がうまくなるためには、
どうすればいいですか?

A 相手との駆け引きが大事です

　1対1で相手を抜くためには、足元の技術、ドリブル、ターン、フェイントなどがうまくできることが必要です。普段から足元の技術を高める努力をすることが大切です。しかし、足元の技術が高いだけでは1対1が強くはなりません。1対1でもう1つ大切な点は、相手との駆け引きです。相手が次にどう動くか、相手が何を考えているか、もし相手の心理を読むことができれば、相手を抜くことは容易です。逆にディフェンス側から見ても、オフェンスの心理が読めれば、ボールを奪うことは容易になります。そのため、相手をよく観て、さまざまな情報を頭に入れてプレーすることが大事なのです。

Q 駆け引きがうまくできるようになるには、
どうすればいいですか?

A 基本技術をマスターし、経験を重ねることです

　駆け引きがうまくなるためには、まずは基本的な技術をマスターしておくことが必要です。いくら頭の中で駆け引きができていたとしても、それがピッチ上で、体で表現できなければ意味がないからです。技術習得における日々の努力が大事です。そのうえで、トレーニングや試合で自分が考えたことをチャレンジして、経験を積み重ねていくことが大切なのです。

1対1で使うフェイントには、どのようなものがありますか？

足元だけでなく、目線を使うものなどがあります

　最も一般的なのは、足元のフェイントで、有名なところではシザーズ、ダブルタッチ、ルーレット、クライフターン、エラシコ、キックフェイントなどがあります。これらは足を使ったフェイントです。

　それ以外にもさまざまなフェイントがあります。たとえば目線フェイントは、自分が行きたい方向と違う方向を見て、相手をだますフェイントです。

　ほかにも緩急をつけて相手を抜くフェイント。さらに高度なフェイントでは、重心の移動で相手をだますフェイントもあります。自分の行きたい方向と逆方向に体重移動をして、相手が釣られたら逆をとるフェイントです。

試合では単純な1対1の場面は少ないと思いますが、それでも1対1のトレーニングは必要ですか？

他の局面にも生きるので必要です

　1対1が必要なのは、ボールを運ぶことによって発生するリスクについて、基本的な考え方を知ることができるからという点もあります。1対1で突破する際のリスクについて、その基本を身につけることで、2対1、3対1、2対2、3対2など、試合のさまざまな局面において、リスクを考えたうえでプレーすることができるようになっていきます。

1対1はリスクマネジメントを学ぶ場でもある

　1対1の基本的なメニューは、ボールを運びながらゴール方向を意識して突破していくものが多いです。足元のフェイントや目線動作を含めた相手との駆け引きで、抜けるのであれば抜き、ドリブルで相手を置き去りにして前が空いていればそのまま突破していく。

　しかし1対1といっても、簡単には突破できないケースがあります。マークを外すことが困難で、簡単に前に行かせてもらえないとき、また、ディフェンスに縦を切られてしまう場合があります。そういうとき、試合では、前に仕掛けて一瞬でボールを奪われ、ピンチを招いてしまうリスクがあります。そのため、無理に相手を抜きにかかるより、いったん横へ行き、横から再び縦に行く選択肢もあります。

　基本的には、ゴール方向の縦がいい状態であり、あわない位置の理解があれば素直に縦に運べます。まずは縦に運び、縦に突破することが大切です。しかし、無理して縦に行く必要はなく、縦がふさがれていれば横に運ぶことができ、または横から縦という選択肢があることも認識しておくことが必要です。また、縦に運ぶと見せて横に運ぶ、横に運ぶと見せて縦に運ぶ動きをすることも駆け引きとして有効です。

　試合では、ときにリスクをとらなければならない場面もありますが、ボールを失わずに仕掛けられるのであれば、その選択肢があるのは当然です。1対1のメニューは、突破の仕方、駆け引きの基礎を学ぶだけではありません。一か八かの突破だけでなく、ボールを大事にしながらの突破、守りながらの仕掛けなど、試合におけるリスクマネジメントを知るトレーニングでもあるのです。

第３章

数的優位

この章では、数的優位のメニューを紹介しつつ、
トレーニングにおける数的優位とはどういうことなのか、
なぜ数的優位のメニューが必要なのかを解説していく。

【数的優位の概念】

数的優位のトレーニングとは？

　数的優位のトレーニングは、よく行われるメニューの１つで、基本は攻撃側（オフェンス）の選手の人数を多くし、攻撃側が有利な状態にして行うトレーニングである。オフェンスへのプレッシャーを少なくした状態で行えるので、オフェンスの動き方、スペースの見つけ方、ボールの動かし方などを習得するうえで効果的なトレーニングとなる。実際の試合でも数的優位をつくって攻撃する場面もあるので、実戦的なトレーニングでもある。

? なぜ必要？

▶ 数的優位のトレーニングを行うことによって、
ボールを奪われない運び方（ドリブル、ファーストタッチ、パス）の基礎を身につける

▶ 攻撃の選手が多くフリーになりやすいため、
パスコースを見つけやすい

▶ ボール保持者が、味方、相手の動きがよく観え、
次の展開が予測しやすいので、 運ぶドリブルの習得にも最適。ボール保持者に、常にパスとドリブルの両方の選択肢があることを浸透させる。
パスとドリブルの両方の選択肢を持って
ボールを運ぶ基本を身につける

▶ パスコースを切られた場合の選択肢を身につける。
たとえば、縦が切られれば横が空く、
横が切られれば縦が空くというように、
切られても空いたスペースが見えやすいので、
どこに運べばいいかが分かりやすい。

▶ どこに運ぶかによって、味方が高い位置まで行けたり、
どこかを切らせてどこかを空けたりできる

縦方向を意識し、リスクなく運ぶ

　数的優位の概念を分かりやすく説明できるトレーニングの1つとして、P110で挙げる3対1のメニューがある。このトレーニングでは、3人のオフェンスに対しディフェンスが1人のため、パスコースをつくりやすい。そのため、ドリブル、ファーストタッチ、パスで運ぶ概念を分かりやすく教えることができる。

　サッカーにおいては、常に縦方向（ゴール方向）を意識することが欠かせない。そのため、このトレーニングでも、縦方向を常に意識することが重要である。このトレーニングでは、ボール保持者を軸に縦方向が変わるイメージである。

　縦方向を意識してボールを動かしていく際に、ファーストタッチが非常に重要になる。縦方向にボールを入れられるときはなるべく入れるという意識は持ちつつ、左右どちらにもパスを出せる位置にボールを置けば、相手にどちらを切られているかを確認することができる。切られている方向を確認できれば、次にボールを受けたときに切られていない方向へファーストタッチでボールを動かし、ボールを運ぶことができる。これを繰り返していけば、パスかドリブルか、どちらでボールを運ぶかの理解がしやすくなる。もしボールを受ける際に、いちいちボールを足元で止めてからスペースにドリブルで入っていくのでは、プレーがワンテンポ遅れ、そこをディフェンスに突かれてしまう。スペースを生かすためには、

ファーストタッチでスペースに入っていくことが重要になる。その重要性を知るためのトレーニングとも言える。

　こういった点を意識して3対1のトレーニングを行えば、相手に切られている方向・切られていない方向や、相手との距離感を意識してプレーすることができるようになり、序章のなかで説明した「あわない位置」をとるメリットも知ることができる。

　オフェンスが連動して動き、スペースをつくりながらボールを運ぶことは、リスクを伴うプレーではない。前が混んでいるのに無理やり縦パスを放り込むプレーに比べれば、はるかに安全でボールを失うリスクが少ないのだ。ドリブルを含めてボールを運ぶことは、パスでポゼッションをするのと同じく、リスクが少ないという面ではイコールであるといえる。

　こうしたことを1つひとつ確認して、運ぶドリブルを身につけていくためには、この章で挙げた数的優位のトレーニングの実践が必要になる。まずは小さい局面での数的優位からはじめて、次第に人数を増やしたり、条件をつけたトレーニングを行ったりして、数的優位を確実に生かせる力をつけていきたい。数的優位を生かせるようになれば、今度は次の章で紹介する数的同数＝ミニゲームのなかで数的優位をつくり出すことができ、最終的には11対11のゲームへとつなげていけるようになるはずだ。

リスクなくボールを運ぶ

ねらい

Menu **028** **3対2（前方にラインゴール）**

難易度 ★★

広さ 30m×20m

カテゴリー

▶ トレーニング2

やり方

1. オフェンス3人対ディフェンス2人の対戦で、
   オフェンスがコーンゴールをドリブルで通過したら1点。
   ディフェンスは、オフェンスのラインゴール通過を阻止する
2. フリータッチで、パスと運ぶドリブルで行う

このメニューの動き方

※図は横長だが実際は縦長

5m

なぜ必要？

チャレンジしやすく分かりやすい

3対2は、オフェンスの1人が余ることでオフェンスのリスクが少なくなり、また、トレーニングに参加する人数が少ないので、選手にとってはチャレンジしやすく、分かりやすいメニューとなる。逆に同じ数的優位のトレーニングであっても、人数が多いとそのぶん選択肢が多くなり、判断が難しくなる場合もある。3対2試合のなかでも多く起こりやすい状況なので、そういう意味でも重要なトレーニングになる。また、3対2は、回避型（なるべくリスクをとらないで運ぶ形）と速攻型の2つのパターンに分けられる。これは回避型のメニューとなる。

ポイント

運ぶことで有利になることを意識する

オフェンスは、リスクなくボールを運ぶ。ボールを運ぶと、相手から離れることができ、また、相手が食いついてきてスペース、ギャップができるという2つの効果を生むので、運ぶことで有利になることを意識する。パスが出せる状況をつくり出し、パス、ドリブルの両方の選択肢を持つ。また、ゴールに近づくために前への意識を持つ。サポートは、より裏を取りやすくするために、1人がより高い位置をとる。オフェンスは、2つのラインゴールで、2対1と1対1の状況をつくり出す。逆にディフェンスは、スペースを締める意識を持って行う。

Extra

連続的に行う場合の選手交代

選手の人数がたくさんいて、このメニューを連続的に行っていく場合は、オフェンス3人の1人がラインゴールを突破したら、突破していないオフェンス2人が、そのままディフェンスに入り、控えて並んでいた3人がオフェンスに入る形にする。突破した選手は、控えの後方に並ぶ。

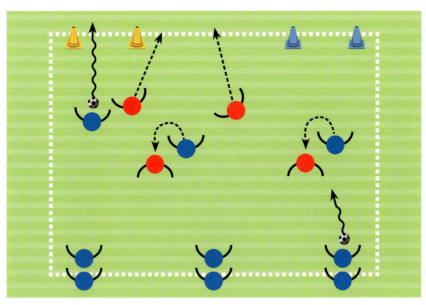

リスクなくボールを運ぶ

難易度 ★★

広さ 30~40m×20m

カテゴリー

▶ トレーニング 2

Menu 029 **3対2＋GK**
（オフェンスからスタート）

やり方

1 オフェンスがボールを持ってスタートし、ゴールを目指す
2 ディフェンスがボールを奪ったら、
反対側のラインゴールのドリブル突破を目指す

このメニューの動き方

※図は横長だが実際は縦長

ラインゴール

実戦でのリスクをとらない
運び方を意識させる

Menu028と同じく回避型の3対2だが、実際のコートを使って行う。ボールを狭いエリアに運ぶのではなく、広いエリアに運んでゴールをねらう。なるべくリスクをとらない運び方を意識してプレーする。選手にとっては、チャレンジしやすく、分かりやすいメニューであり、また、試合の中でもある状況なので、必要なトレーニングと言える。広さは、30～40m×20mが基準だが、ハーフコートまで広げてもいい。

ゴールキーパーを置き
実戦のイメージを高める

3対2というところを切りとると、Menu028と動き方は似ている。しかし、ゴールキーパーを置くことで、ねらうべきゴールがより明確になり、オフェンス3人の共通認識も持ちやすい。実戦に近づけた状況で、3対2でのボールの運び方を身につけよう。

👆 ワンポイントアドバイス

≫ オフェンスのサポート1人が高い位置で裏をとる

ボールを運ぶことで、狭いエリアから広いエリアを目指す意識を持って行き、運ぶドリブルとパスで、リスクなく前に行ける状況をつくり出していく。常に運ぶドリブルとパスの両方の選択肢を持つようにして、ボールを奪われたら、その瞬間にボールを奪い返す意識を持つ。サポートは、1人がより高い位置をとって、ディフェンスラインの裏をねらう。

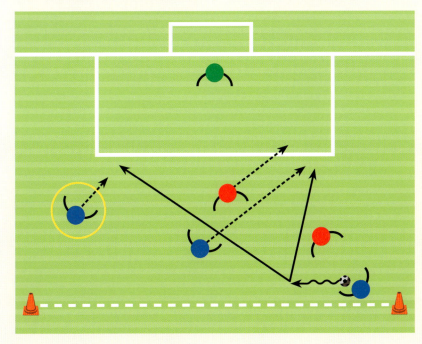

数的優位

手数をかけず
シンプルに攻撃する

ねらい

Menu 030　3対2＋GK
（ゴールキーパーからスタート）

難易度	★ ★ ☆ ☆ ☆
広さ	30〜40m×20m

カテゴリー

▶ トレーニング 2

やり方

1　ゴールキーパーがオフェンスにボールを出してスタート
2　オフェンスは、ゴールキーパーからボールをもらって6〜8秒でシュートする。
　　6〜8秒が経ったら終了。またはディフェンスを1人追加する
3　ディフェンスがボールを奪ったら、反対側のラインゴールのドリブル突破を目指す
4　シュートを打った人は外に出て、残りのオフェンス2人は残ってそのままディフェンスに入る

このメニューの動き方

※図は横長だが実際は縦長

ラインゴール

相手ゴール前の数的優位での意識を持たせる

速攻型の3対2のメニューなので、シンプルに突破してシュートし、ゴールをねらう。仮に、試合でゴール前の数的優位のシーンが生まれた場合、突破に時間がかかりもたもたしていたら相手が戻ってきて、数的優位の状況は一瞬になくなってしまう。相手ゴール前の数的優位の場面では、悠長にパス回しをしている猶予はなく、素早くシュートまで持っていく意識を持たせることも重要である。

ディフェンスを固定する

選手の動きを確認して行う場合は、オフェンスは、シュートを打ったら交代していくが、ディフェンスの選手を固定して行ってみる。ディフェスは相手との距離を詰めて、2人で協力して追い込む、または時間をかせぐ。レギュラー陣のディフェンスなど、動きに慣れたディフェンスがパスコースを切ってくるなかで、オフェンスが、いかに突破していけるかをチャレンジさせる。

 ワンポイントアドバイス

≫ 2対1をつくって素早くシュートまでもっていく

オフェンスは、GKからのボールを受けたら、2対2の状況をつくられる前に2対1をつくってシュートまでもっていくことを意識しよう。たとえば下図のように、中央から右サイドへパスを出せば、全体では3対2ではあるが、点線から右側の局面では2対1の状況となり、より有利な状況となっている。

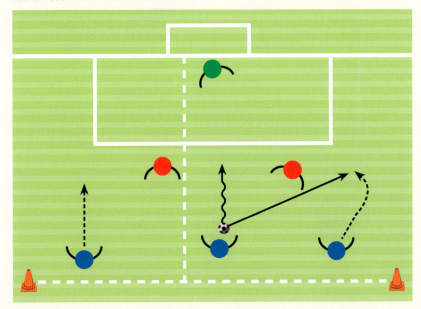

プレッシャーがかかる状況でシンプルに攻撃する

ねらい

Menu 031 3対2（⇒3対3）＋GK

難易度 ★ ★

広さ 30～40m×20m

カテゴリー

▶ トレーニング 2

やり方

1. ゴールキーパーがオフェンスにボールを出してスタート。ゴールを目指す
2. スタートしたら、後方からもう1人のディフェンスが遅れて入る
3. ディフェンスがボールを奪ったら、反対側のラインゴールのドリブル突破を目指す

このメニューの動き方

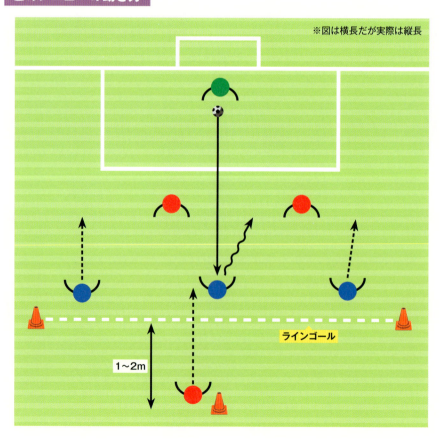

※図は横長だが実際は縦長

ラインゴール

1～2m

? なぜ必要？

速攻が必要な局面で速いプレーを行う必要性を知る

Menu030の発展形であり、追加のディフェンスが約2秒遅れでコートに入ってくる。より実戦に即したトレーニングで、オフェンスが余裕を持ってプレーしていると、ディフェンスが3人になり数的同数になって、数的優位が失われてしま

う。時間が経つと不利になるので、早い判断が必要になる。できれば、ディフェンス1人が追加される前に、ゴール前に進入し、シュートまでもっていきたい。

✕ ここに注意！

相手ゴール前でオフェンスが後ろから追われる状況を意識させる

相手ゴール前でのオフェンスの数的優位で、速攻が求められる場面だが、オフェンスがゆっくりプレーしていると、ディフェンスが3人になってしまうので、速いプレーが求められる。

オフェンスが、相手ゴール前で、後ろからディフェンスに追われる状況をイメージしながら行う。相手の攻撃のボールを奪ってカウンターに転じた場面などで、同様のシーンが試合中には起こりやすい。もたもたして数的優位が失われてしまう状況は避けたい。

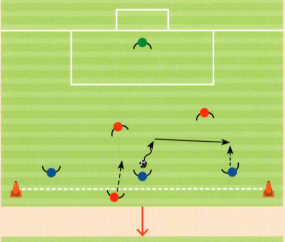

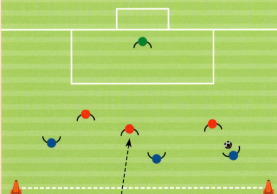

▶数的優位が失われた状況

ねらい 3人目の動きを学ぶ

Menu 032 3対2＋1対1＋GK

難易度 ★★★ ☆ ☆

広さ 図を参照

カテゴリー

▶ トレーニング 2

やり方

1 3対2と、1対1のエリアを分ける

2 3対2のエリアから1対1のエリアにボールを運び、ゴールをねらう

3 3対2のエリアからドリブルで1対1のエリアに侵入しても、パスでボールを移動させてもいい。オフェンス1人が侵入して2対1となる

4 パスの場合は、1対1のエリアにパスを出したタイミングで、3対2のエリアからオフェンス1人が移動してパスを受け、2対1の数的優位をつくり出す

このメニューの動き方

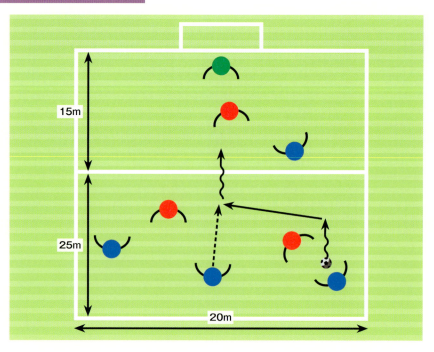

15m

25m

20m

動き方、ボールの運び方の確認を行う

エリアを分けた数的優位のメニューで、2対1や3対2よりも、エリアを分けたこの3対2＋1対1のほうが、より前に運びやすくなる。そのため、ゴール前の数的優位の場面での、動き方、ボールの運び方の確認を行うためには最も適していて、選手に分かりやすい、より基本的なトレーニングである。

パスのみの移動制限もあり

選手が高いレベルにある場合は、ドリブルを使わずに、パスのみの移動に限ると制限をつけてもいい。突破のためには、正確なパスはもちろん、ボールのないところでの動き出しの巧さも必要になってくる。

！ ポイント　3人目の動きを意識する

このメニューで身につけるべき、最も基本的なことは、縦が切られた場合に、3人目の選手が動くことで局面を変えていく点である。ドリブルで入るにしても、パスで入るにしても、3人目がどう動き、どう絡むかによって、突破の可能性が高まったり低くなったりする。そこで、3人目の動きをより意識して行う。ディフェンスは、ボールにチャレンジしていく。

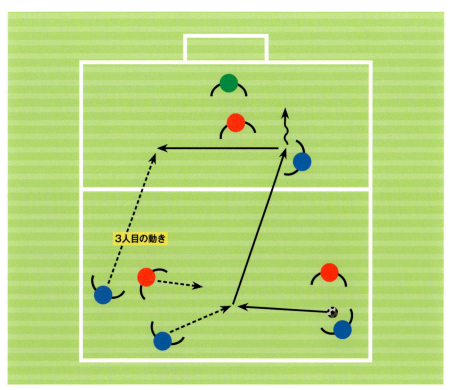

▲ 3人目は、縦パスが入るイメージを持って先にエリアに入る

ダイレクトパスと
運ぶドリブルの判断

ねらい

難易度 ★ ★ ☆ ☆ ☆

広さ　図を参照

カテゴリー
▶ ウォーミングアップ
▶ トレーニング 1
▶ **トレーニング 2**
▶ ゲーム

Menu 033　2対2⇒2対1

やり方 ▶

1. 対角線上に、2人ずつ、オフェンスとディフェンスが位置する
2. コーチがオフェンスにボールを供給してスタート。
   ペナルティーエリアに入ったらシュートを打てる
3. ペナルティーエリアにオフェンスが入ったら、オフェンス1人、ディフェンス1人も入り、
   そこで2対1となる
4. ディフェンスがボールを奪ったら、そのまま反対側のゴールを目指す

このメニューの動き方

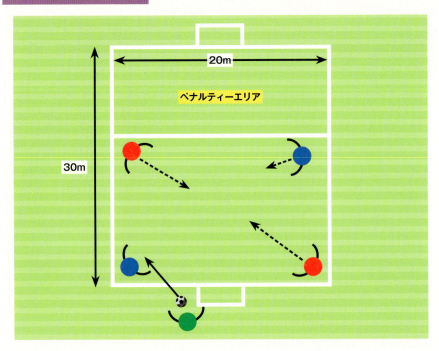

優先順位を考えてプレーする

まずは、ダイレクトのパスで突破をねらう意識が必要となる。それが一番簡単にゴールを奪う方法で、プレーの優先順位としてダイレクトを第一に考える。ディフェンスは、それを消したいと考えるので、対角へのパスコースを切ってくる。切られたら、オフェンスはボールを運んで次のチャンスをねらおう。縦に運ぶことで2対1の関係をつくるという選択肢が出てくる。ペナルティーエリアを目指してボールを運ぼう。運ぶと高い位置をとれるので、2対1の関係ができる。オフェンスは、ペナルティーエリアに入ったら時間をかけずにシュートを打つ。

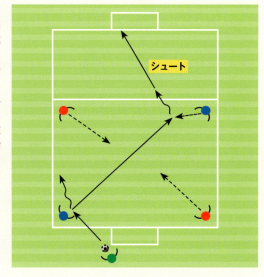

A r r a n g e

横並びの配置でスタートする

グリッドの角に、オフェンスとディフェンス2人ずつが対角線上ではなく、辺に横並びで位置して、そこにコーチがボールを出してスタートする形もある。ディフェンス2人が奥に位置すると、難易度が増し、ダイレクトでの突破はほぼ不可能になる。何を習得させるかもそうだが、選手の習熟度によっても難易度を変更していく。

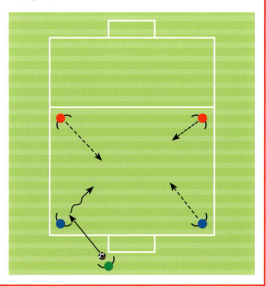

ディフェンスから見えない位置の意識を高める

Menu 034 2対1（1対1＋1）

やり方

1 　1対1プラスもう1人のオフェンスを、
いろいろな位置に配置しての2対1（1対1＋1）を行う

2 　もう1人のオフェンスは、ディフェンスから見える位置（Ａのどちらか）、
また見えない位置（Ｂのいずれか）からスタートさせる

3 　オフェンスはラインゴール突破を目指す

このメニューの動き方

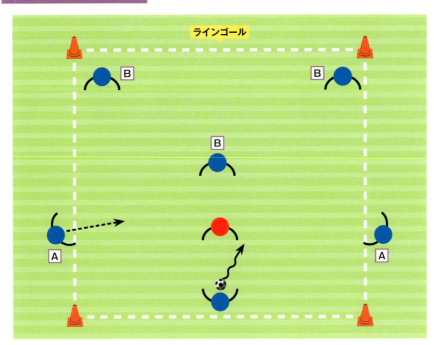

ラインゴール

ディフェンスの視野を考えてプレーする

ディフェンスが見えない位置からサポートすることで、数的優位をより有利にできることを実践するメニューで、ディフェンスの向き、視野を考えてプレーする。ボール保持者のオフェンスは、ディフェンスが、もう1人のサポートのオフェンスが見えているか、見えていないかをイメージしてプレーする。

DFから見えないエリア

≫ 相手と味方の関係性を考えて動く

サポートに加わるオフェンスは、ディフェンスと、ボール保持者の状況によって動き直すようにする。たとえば、ボール保持者がプレッシャーを受けて横向き、あるいは後ろ向きとなっているようであれば下がったり近づいたりしてパスを受ける必要があるし、前を向いてボールを保持しているなら、上がってディフェンスが見えない位置でパスを受けるようにする。ボール保持者の状況をよく観て、下がる、上がる、近づく、離れるという判断を行う。

DFから見えない
＆
パスがもらえるエリア

複数のパスコースを確保する

ねらい

Menu 035 6対3（3対3対3）

難易度 ★ ★ ★

広さ 20m×20m

カテゴリー

▶ ウォーミングアップ
▶ トレーニング1
▶ トレーニング 2
▶ ゲーム

やり方

1. 3人ずつの3チームに分け、それぞれ違う色のビブスを着用する
2. 2チームがポゼッションをし、
   1チームがディフェンスをする（図では赤がディフェンス）
3. ディフェンスがボールを奪ったら、
   奪われたポゼッション側のチームと攻守を交代してゲームを続ける
4. 3タッチ以内で行う（※レベルによってタッチ数を変える）

このメニューの動き方

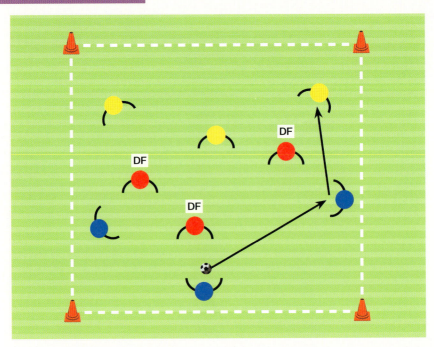

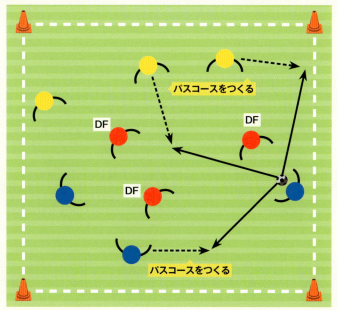

「ボールの運び方」とは?

コーンドリブル

1対1

数的優位

同数=ミニゲーム

判断

練習メニューの組み立て方

? なぜ必要?

常に複数の選択肢を持ってプレー

オフェンスは常に6人になるので、その6人が、常に縦と中にパスコースをつくるように動く。また、常にパスとドリブルの複数の選択肢を持ってプレーし、パスと見せてドリブル、ドリブルと見せてパスとディフェンスの逆をとるプレーも心掛ける。

パスコースをつくる

パスコースをつくる

! ポイント

パスコースが切られたら運ぶ

パスコースを切られて動けない場合でも、少し運ぶことで次の局面をつくり出すことができる。オフェンスは、パスコースが切られたら運ぶことを意識してプレーする。運ぶことで新たなパスコースができる。また、常に縦パスをねらう意識を持って行う。ボールを奪われたらすぐに切りかえてディフェンスを行う。ディフェンスは、1人が追って、2人がインターセプトをねらう。

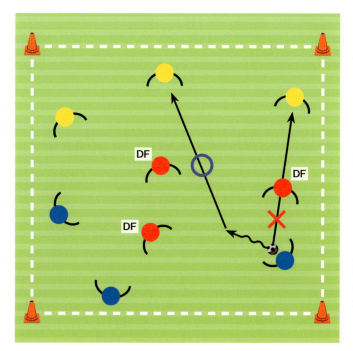

ファーストタッチでずらす

ねらい

Menu 036 4対2

| 難易度 | ★ ★ ★ |
| 広さ | 6~8m×6~8m |

カテゴリー
▶ ウオーミングアップ
▶ トレーニング 1
▶ トレーニング 2
▶ ゲーム

やり方

1. オフェンス4人はグリッドの4つの辺に位置し、パスを回してポゼッションを行う
2. ディフェンス2人はグリッドの中に位置し、パスをインターセプトする。
3. 2タッチ制限で行う

? なぜ必要?

連動した動きでパスコースを確保する

ディフェンス2人の間をねらうパスが基本になるので、外の4人が連動して動いて、パスコースを確保する。受け手が、ファーストタッチでボールを左右どちらかに動かすことで、角度を変え、ディフェンスをずらすことでギャップをつくり、パスコースをつくっていく。

このメニューの動き方

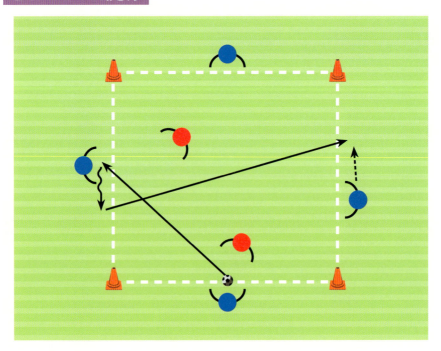

「ボールの運び方」とは？

コーンドリブル

1対1

数的優位

同数＝ミニゲーム

判断

練習メニューの組み立て方

ポイント① あわない位置を意識する

序章のなかで説明した「あわない位置」を意識して、いいボールの置き場所をこのメニューでつかんでほしい。ふくらむ動きや、相手から離れる動きでディフェンスの「デコボコ」をつくり、パスコースを生み出していこう。

ポイント② 攻撃方向を意識する

パス回しを行う練習ではあるが、ただディフェンスにボールを奪われないようにパスを回しているだけでは効果的なトレーニングにはならない。攻撃方向を意識して、縦にパスを通すイメージをオフェンス4人が持って取り組もう。どのメニューであっても、最終的にはゴールを奪うことにつながるということを知っておいてほしい。

ワンポイントアドバイス

≫ 実際の試合を意識して行う

2タッチ制限なのでドリブルでボールを持ち続けて運ぶことはできないので、パスでボールを動かすことがメインになる。パスの受け手は、ファーストタッチでずらすことで、パスコースをつくり出す。また、パサーは、受け手が（攻撃方向に対して）高い位置をとれるようなパスを出し、受け手も高い位置どりをねらう。これは、実際の試合を意識して行うためである。ディフェンスの切り方を観て、ボールの運び方、味方との関係性を考えることで、ボールの運び方のトレーニングとしては、より高度なトレーニングとなる。

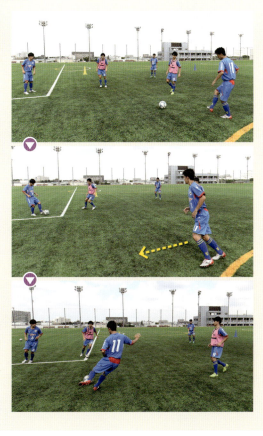

ギャップをつくる

_{ねらい}

Menu 037 5対2

難易度	★ ★ ★
広さ	8〜10m×8〜10m

▶ ウオーミングアップ
▶ トレーニング 1
▶ トレーニング 2

カテゴリー

やり方 ▶

1　オフェンスの4人がグリッドの4つの辺に位置し、
　　もう1人がグリッドの中に位置する。パスを回してポゼッションを行う
2　ディフェンス2人はグリッドの中に位置し、パスをインターセプトする
3　2タッチ制限で行う。中のオフェンス1人は2タッチか1タッチでもいい

このメニューの動き方

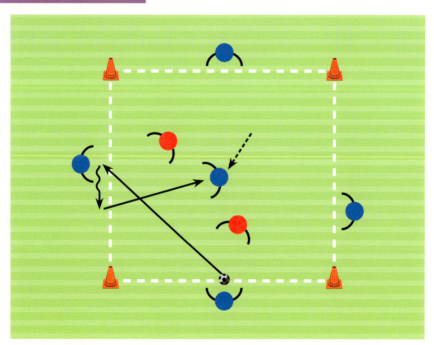

「ボールの運び方」とは？

コーンドリブル

1対1

数的優位

同数＝ミニゲーム

判断

練習メニューの組み立て方

? なぜ必要？

ディフェンスの間と
縦のパスコースを意識する

対面へのパスは、実際のゲームでの縦パスとなる。ディフェンスの間（ギャップ）と、縦のパスコースを意識して、ディフェンスがどこを切っているかをよく観ながら取り組むことで、ゲームに近いトレーニングとすることができる。ギャップを利用したプレーを身につけよう。ギャップの選手は、入るタイミングと、入ってからの選択肢を持っていないと苦しくなるので、その点は注意したい。

! ポイント

全員がギャップを意識して
プレーする

まず、ボール保持者以外のオフェンスの4人が動くことでギャップをつくる。ディフェンスが動くことでギャップが生まれ、オフェンスが互いに距離を取ったり、近づいたりすることで、ギャップが広くなったり動いたりしていく。パサーはギャップを探して、ギャップをねらってパスを出し、受け手はファーストタッチでギャップをつくる。全員がギャップを意識してプレーする。

▲中のオフェンスはギャップに顔を出していく

✚ Arrange

ディフェンスを増やそう

ディフェンスの人数を増やして5対3でもやってみよう。オフェンスはボールを回すのがより難しくなる。その一方で、ディフェンスが増えるぶんギャップも増えるので、そこをうまく使いながらポゼッションができるようにしたい。

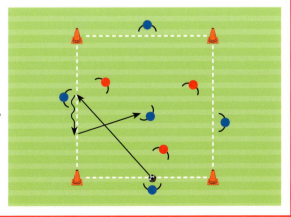

シンプルな突破で ゴールを目指す

ねらい

Menu 038 ゴールに向かう2対1

難易度 ★ ★ ☆ ☆ ☆

広さ 図を参照

カテゴリー

▶ トレーニング 1

▶ トレーニング 2

▶ ゲーム

やり方 ▶

1. オフェンス2人とディフェンス1人を、ゴール前に図のように配置する
2. 最初にオフェンスがボールを持ち、パス交換からディフェンスを突破する
3. 2対1でゴールをねらい、最終的にシュートで終わる

このメニューの動き方

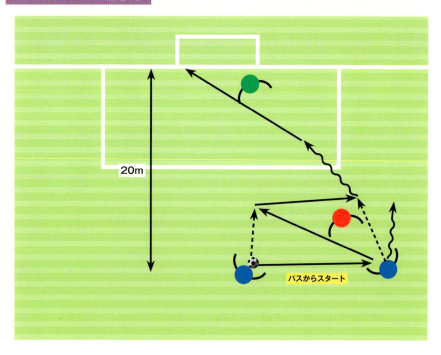

20m

パスからスタート

「ボールの運び方」とは？

コーンドリブル

1対1

数的優位

同数＝ミニゲーム

判断

練習メニューの組み立て方

？ なぜ必要？

ゴール前でシンプルな突破を目指す

ゴール前の速攻の2対1で、実戦的なトレーニングである。シンプルにディフェンスラインを突破してシュートを打つことを目指す。縦が切られていれば、少し横に流れて縦パスをねらい、中が切られていれば、縦パスをねらう。

！ ポイント

ディフェンスを抜けるのであれば抜く

ボール保持者は、味方のオフェンスがより高い位置がとれてゴールに近づけるように考える。ディフェンスがどこを切るかを観ながら、パスかドリブルか判断する。必ずパスを出さなくてはいけないというルールではないので、ディフェンスを抜ける状況であれば、ディフェンスを置き去りにしてGKと2対1の状況をつくろう。

Arrange

ディフェンスを追加しよう

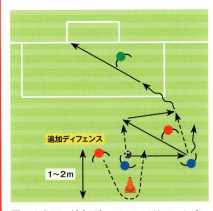

追加ディフェンス

1〜2m

図のように、追加ディフェンスはコーンを回ってから遅れてゲームに参加する。

秒数制限をかけよう

何秒以内にシュートする、などの制限をかけることで、よりオフェンスにプレッシャーがかかる。

GKからスタートしよう

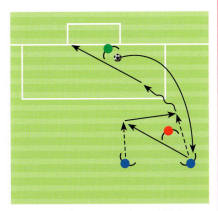

オフェンスが、GKからボールを受けてスタートするパターン。ディフェンスが早く動き出せるので、オフェンスにとっては、よりプレッシャーがかかるメニューとなる。

数的優位

パスコースを切らせて運ぶ

ねらい

Menu 039 2対1（ポゼッション）

難易度 ★★ ☆☆☆
広さ　10m×10m

▶ ウオーミングアップ
▶ トレーニング 1
▶ トレーニング 2

カテゴリー

やり方

1 グリッド内で、オフェンス2人がポゼッションを行う
2 ディフェンス1人がボールを奪う

⚠ ポイント ドリブルで運ぶ意識の再確認

数的優位のトレーニングでは、フリーの味方がいることが多いため、パスを選択しがちである。このメニューでも常にフリーの味方がいるが、ボールを保持し続けることが目的なので、リスクがないところへドリブルでボールを運ぶことを改めて意識しながら取り組もう。

このメニューの動き方

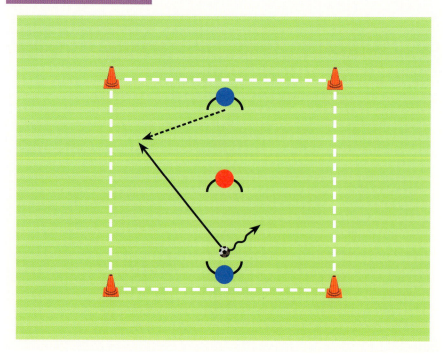

「ボールの運び方」とは？

コーンドリブル

1対1

数的優位

同数＝ミニゲーム

判断

練習メニューの組み立て方

なぜ必要？

動きながらのポゼッションを身につける

常にドリブルとパスの選択肢を持ってプレーし、動きながらのポゼッションを行い、その動き、ボールの動かし方を身につける。ドリブルで自ら仕掛ける意識を持つ。ディフェンスは、ボールへのチャレンジと共にパスコースを切り、逆にオフェンスはパスコースを切らせて運ぶ。

ワンポイントアドバイス

≫ 縦のコースを意識した駆け引き

縦のパスコースを切ることを意識して行う。それに対して、オフェンスは、縦のコースを切らせてのドリブル、パスを行う。縦のコースを意識した駆け引きである。2対1で、縦のコースを切らせてドリブルする場合の動き方は（図A）、縦のコースを切らせてパスする場合の動き方は（図B）となる。状況が良ければ、コースを切らせる前に、ドリブルするかまたはパスで運べばいい（図C）。

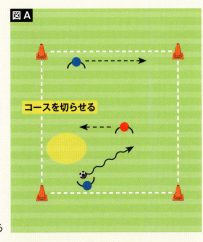

図A

コースを切らせる

▶ DF に黄色のエリアを意識させる

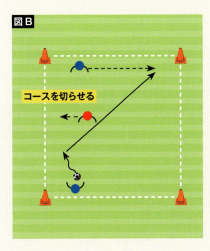

図B

コースを切らせる

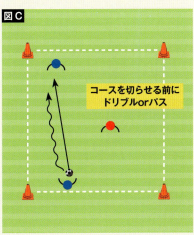

図C

コースを切らせる前に
ドリブルorパス

ボールを縦方向に運ぶ

ねらい

Menu 040 3対1（ポゼッション）

難易度	★ ★ ☆ ☆ ☆
広さ	8~10m×8~10m

カテゴリー
▶ ウオーミングアップ
▶ トレーニング 1
▶ トレーニング 2
▶ ゲーム

やり方

1 グリッド内で、オフェンス3人で
　ポゼッションを行う
2 ディフェンスはボールを奪う

⚠ ポイント①

**ボールの保持者が縦方向の
イメージを持ってプレーする**

このメニューの動き方

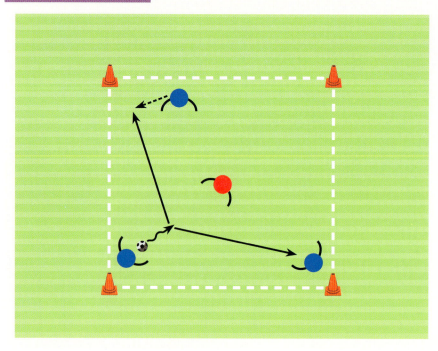

なぜ必要？

切られているところを観てどこへ運べばいいか判断する

ディフェンスは、縦か横か、どちらかを切ってくる。縦を切っているのであれば横が空くので、少し斜めにパスを出して前にボールを運ぶことができるし、横を切られているのであれば、味方が縦方向に顔を出して受けることもできる。また、ボール保持者が縦にドリブルでボールを運んでもいい。切られているところを観て、しっかりと判断しよう。

！ ポイント②

ボールの運び方の基本、第3の動きを習得する

ポイントの1つ目は、ボールの運び方の基本を習得すること。ボールを運ぶことで、ほかのスペースが空くので、そのスペースをいかに利用するかが3対1のポイントである。2つ目が第3の動き。常に3人目の選手が第3の動きを行うことで、スペースをつくり出す意識を持つこと。ボールを運んでいるときに、3人目の選手が動いてスペースを空ける。そのスペースを感じて周囲はプレーする。パサーはスペースにパスを出し、パスの受け手がファーストタッチでスペースに入っていく。

☞ ワンポイントアドバイス

≫ サポートの動きの重要性

ディフェンスの後ろに隠れているとパスを受けることができず、ボール保持者の選択肢が少なくなってしまう。サポートの動きでパスコースをつくることで、ボール保持者は2人の味方へパスもできるし、ドリブルで運ぶこともできるようになる。つまり選択肢を増やすことができる。

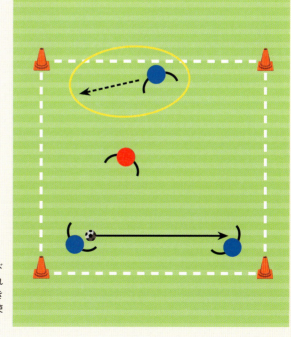

▶サポートの動きで左サイドの縦のパスコースをつくれば、右サイドへパスもできるし、空いたスペースを使うこともできる

[数的優位編]

Q なぜ数的優位のトレーニングが必要なのですか?

A ボールを奪われずに、ボールの運び方の基礎を自然な形で身につけることができます

　数的優位のトレーニングを行うことで、ボールを奪われない運び方の基礎を自然な形で身につけることができるからです。数的優位のトレーニングは、ディフェンスからのプレッシャーを受けていないフリーの選手が常にいるので、ボール保持者は、ボールをコントロールしながら、パスの選択肢を持ってボールを運ぶことができます。常にドリブルとパスの選択肢があるのです。

Q どうすれば実戦に役立つ数的優位のトレーニングができますか?

A 常にさまざまな局面、状況をイメージして取り組みましょう

　この章でも、実戦を想定したメニューもいくつか紹介しています。当然、トレーニングが試合で生かされないといけないので、トレーニングは、変化のなかでの対応力を高める目的を持って行うことが求められます。試合では、局面や状況に応じて、プレッシャーが比較的少なかったり、プレッシャーがより多くかかったり、有利、不利な状況は刻々と変化していきます。常に選択肢を持って、さまざまな局面、状況に対応できるようにしていくためには、いろいろなバリエーションで数的優位のトレーニングを行っていく必要があります。

Q 数的優位のトレーニングをうまく行うには
どうすればいいですか?

A ボールを運ぶことで、
切られていないコースをつくりましょう

ディフェンスは、数的不利のディフェンスとして効果的な、パスコースを切るディフェンスを行ってきます。しかし、オフェンスはパスコースを切られても、必ず空いているスペースはあるので、そこで無理して仕掛けてボールを失うのではなく、ボールを運ぶことで、最終的に縦をとってゴールに近づく基本的な動き方を身につけることが大切です。パス、仕掛けるドリブル以外に、運ぶドリブルという選択肢を持つ必要性を認識することが数的優位のトレーニングの最大

のポイントです。切られたときの第3の選択肢として、運ぶドリブルがあり、それを身につけなければなりません。数的優位な状況であれば、仮に味方のゴール前であっても、しっかりと判断ができていれば問題なく対応できるはずです。ましてや中盤や相手ゴール前ならば、焦ってプレーする必要はありません。運ぶドリブルの選択肢があれば、ほかの選手が動き、新たなスペースが空くことで、そこに運ぶスペース、パスコースが必ずできるのです。

Q 選手の個々のレベルがまちまちなので、
トレーニングの効果がいまひとつのようなのですが、
トレーニングをうまく行うコツはありますか?

A 適切なオーガナイズを模索してください

選手のレベル、習熟度に合わせてトレーニングのオーガナイズを変えていくことが重要です。たとえば、2対1(ポゼッション)を行っている場合に、すぐにオフェンスがボールを奪われてしまって、なかなかうまくいかないとしたならば、グリッドを広くしてオフェンスがボールを

持ちやすく失いにくいオーガナイズに変更することが求められます。個々のチーム、個々の選手でレベル、習熟度は全く違うので、コーチの方々も選手も、自分のチーム、選手個人に合わせたオーガナイズにすることが必要です。

column 3 ボールを運ぶ概念が 薄い日本のサッカー

試合で、ボールを圧倒的に保持しながら、相手のディフェンスにパスコースを切られて、縦にもゴール横の深い位置のサイドにもなかなか入ることができない場面は、よくあるシーンだと思います。その場合の選択として、いったん下げるか、前線に蹴り込むか、ほぼこの二者択一しかないケースが多く、選択肢がなくなってしまう傾向があるように感じます。

これは、単に技術の問題だけではないような気がします。日本の選手は、足元の技術では決して世界に劣らないのに、ボールを保持していても、パスコースを切られるとそこから入っていけないのです。

日本のJクラブのジュニアユースのチームとスペインのレアル・マドリードU－15の練習試合を見たことがありますが、縦を切られて、全く攻め手がない様子でした。レアル・マドリードは守備の際に、数的不利の場合でも確実にパスコースを切っており、Jクラブは数的優位なのに攻撃の手を見つけられなくなっていたのです。相手よりもボールを保持しているのに、サイドへボールを出したところで追い込まれて簡単に数的優位をつくられてカウンターを受けたりと、試合の主導権は相手が完全に握っていたのです。

なぜ、そうなってしまうのか？　よく見てみると、日本のJクラブのチームは、スペースを探してボールを運ぶという動きがない。縦を切られた場合、横や斜めのスペースを探して運ぶというプレーがない。ほとんどのケースで後方のディフェンスにパスで戻してしまうのです。運ぶドリブルでいったん逃げるという一手がないため、より多くの時間をかけられてしまうようなのです。本来は苦しくなる場面ではないのに、自分たちで自分たちの首を絞めていると感じました。

第４章
同数＝ミニゲーム

この章では、同数＝ミニゲームのメニューを紹介しつつ、
なぜ同数で行うメニューが必要なのかを解説していく。

【同数＝ミニゲームの概念】

同数＝ミニゲームのメニューとは

　同数＝ミニゲームのメニューは、試合に向けて、試合の前段階に当たるトレーニングである。トレーニング2に当たるメニューが主となる。同数のミニゲームは、通常のゲームの縮小版でもあるので、失点を防ぐこと、ピンチをつくらないことが重要になる。まずボールを失わないようにすることが必要である。そのためには、ポゼッション（ボール支配）をしなければならないことが前提となる。

？ なぜ必要?

▶ **パスによるポゼッションだけではなく、
ドリブルによるポゼッションも身につける。**
パスだけではなく、運ぶドリブルによるポゼッションの
意識を持つようにすることで、スキルアップのみならず、
運ぶドリブルを含めたいろいろなポゼッションの仕方を
身につけていくことができる

▶ **数的優位のメニューを経て、
同数のメニューを行うことで、
さらに実戦のゲームに近づいていくことができる。**
実戦のゲームを想定したトレーニングとして行う

▶ **同数のメニューから、
さまざまな局面での技術や判断の質を上げ、
攻撃の仕方を身につけるなかで、
複数の攻撃パターンを習得していくことができる**

▶ **パス＋運ぶことで選択肢を増やす**

「見えない壁」をイメージして行う

同数のゲームにおけるボールの動かし方の概念は、壁をイメージすると分かりやすい。

選手が動くことで、フィールド上を壁で区切ると、同数のゲームが数的優位のゲームになったようにも見える。実際には壁は存在しないので、頭の中で想像して考えるということである。これを「見えない壁」と呼んでみる。

「見えない壁」をイメージして使うことで、同数のゲームを有利な状況にすることができる。

たとえば2対2なら、「見えない壁」をイメージして、少し運ぶことでディフェンス1人を壁から左側に置き去りにすることができ、壁から右側は2対1となる（図A）。

また、「見えない壁」は、どこにでも出現させることができるので、味方がいる方向が切られていなければ、常に「見えない壁」で数的優位な状況をつくり出すことができる（図B）。

同数のゲームでは、切られている場所と切られていない場所を見つけることが重要で、数的優位な状況をつくっていく。

3対3でも同様に、中央付近に「見えない壁」をイメージすると左が1対1、右が2対2になり（図C）、3対3を3対2にするには切られていない味方の方向を探し、3対2ができるように「見えない壁」をイメージすればいい（図D）。

この原理を応用すれば、数的不利でも数的優位とすることが可能だ。切られていない方向にいる味方を探してボールを運び、「見えない壁」をイメージすることで、2対3を2対1にすることができる（図E）。

ただし、「見えない壁」をどこにつくるかについては、味方同士でビジョンを共有できるようにならなければならない。

図A　見えない壁
▲2対2を2対1に

図B
▲2対2を2対1と考える

図C
▲3対3＝1対1＋2対2

図D
▲3対3が3対2に

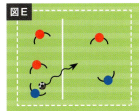

図E
▲2対3が2対1に

ねらい 2対1（数的優位）をつくる

Menu 041 2対2＋2GK

難易度 ★★★ ☆ ☆

広さ 15～20m×20～30m

カテゴリー

▶ ウォーミングアップ
▶ トレーニング 1
▶ トレーニング 2
▶ ゲーム

やり方

1 2対2のミニゲームを、フリータッチで行う
2 ゴールは通常のゴールでも、フットサルゴールでもいい

このメニューの動き方

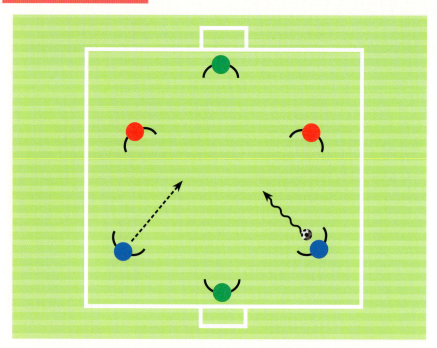

なぜ必要？ 同数のゲームのなかで、いかに数的優位をつくるか

2対2の同数のミニゲームのなかで、いかにして数的優位（2対1）をつくるかを考えてプレーすることが大切だ。少しドリブルで運んで、相手をずらして2対1をつくるようにしよう。パスの受け手が動いて、パスを受けてもディフェンスにあわない位置をとることでも2対1をつくることは可能だ。スピードの変化でも2対1をつくることができる。さまざまな2対1のつくり方があることを意識させ、考えさせることがねらいだ。

！ ポイント

切られていないところに動き、相手の裏をとろう

オフェンスは、パスコースが、どこが切られているか、切られていないかを確認して動く。たとえば、縦が切られていたら横に動くなど、空いているところに動き、相手の裏をとろう。また、ドリブルで運んで、相手の位置をずらしてパスコース、シュートコースをつくる。動くと相手がついてくるので、ディフェンスにあわない位置（切られていない位置）ができてシュートチャンスが生まれることがある。その場合は、すかさずシュートを打つ。目線フェイント、パスと見せてドリブルするフェイント、体重移動フェイントなども使い、駆け引きを行ってみる。ディフェンスは、オフェンスの動きをよく見て動き、フェイントをかけようとする相手の体重移動も見て動くようにする。

▲2対2の状況だが……

▲ボール保持者が右サイドに持ち出すことで2対1に

▲受け手の動きにディフェンスも引きつけられたため

▲突破のコースが開いた。先に動き出すことでスペースが空いた

縦の深さ、横の幅を広く使う

ねらい

Menu 042　3対3＋2GK

難易度 ★★★ ☆☆

広さ 15~20m×20~30m

カテゴリー
▶ ウォーミングアップ
▶ トレーニング1
▶ トレーニング2
▶ ゲーム

やり方

1　3対3のミニゲームを、フリータッチで行う
2　ゴールは通常のゴールでも、フットサルゴールでもいい

このメニューの動き方

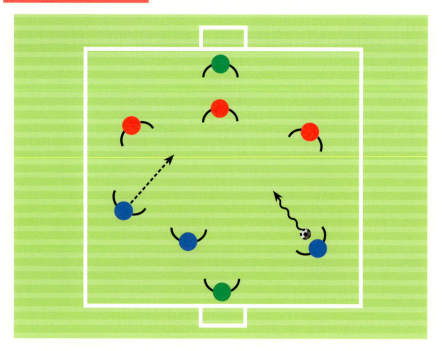

スペースを広く使う

　2対2よりも、縦の深さ（高さ）、横の幅をより広く使ってプレーしていく必要性があるので、スペースを広く使う意識で行う。3人の距離が近いと相手に囲まれやすくなるし、スペースを有効に使うことができない。また、縦も横も、味方と同じラインに立たないようにしよう。

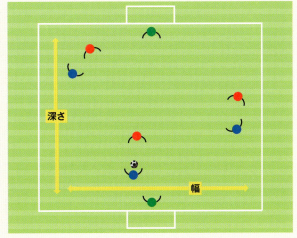

ワンポイントアドバイス

》 ディフェンスはカバーの意識を持つ

　ディフェンスは、ボール保持者にチャレンジしながらもカバーの意識を持つことが大切。相手のオフェンスをマークすることがディフェンスの役目であるが、味方のカバーへの意識も忘れてはならない。ディフェンスのときは、ボールにチャレンジしたり、マークのためにサイドに寄ったりしながらも、常にカバーを意識しておくことが求められるということだ。

！ ポイント

一瞬でも局面で2対1をつくる

オフェンスは、ディフェンスとあわない位置をとり、切られているか、切られていないかの確認し、3対3だが、局面で2対1（数的優位）をつくる意識で行う。少し寄ったり離れたりして、一瞬でも、局面で数的優位の2対1をつくる意識を持とう。

難易度 ★ ★ ★
広さ 40m×20m

カテゴリー

▶ フォーミングアップ
▶ トレーニング 1
▶ トレーニング 2
▶ ゲーム

ねらい 深さと幅をとって攻める

Menu 043 4対4＋2GK

やり方

1. 4対4のミニゲームを、フリータッチで行う
2. ゴールは通常のゴールでも、フットサルゴールでもいい

このメニューの動き方

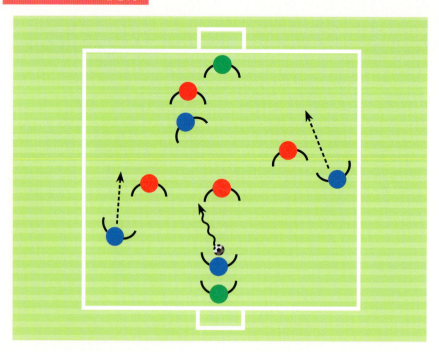

「ボールの運び方」とは？

ドリブル

1対1

数的優位

同数＝ミニゲーム

判断

練習メニューの組み立て方

コーン

❓ なぜ必要？

ボールを失わずに攻める意識を持つ

ただ漠然と、一か八かで攻めるのではなく、ボールを奪われるリスクを軽減して、ボールを失わずに攻める意識を持ってプレーしよう。ボールを運び、動いてディフェンスとあわない場所をとっていくことで、リスクを減らした攻撃ができるはずだ。常にゴールを意識して、確率の高い攻撃を仕掛けていきたい。ここでは少人数だが、これが実際の11対11になったときに必ず生きてくる。

❗ ポイント

深さと幅を使う

幅を使って広がると、ディフェンスに対して縦が空くので、縦に仕掛けられるようになるし、ディフェンスがそれを意識すれば中が空いてくる。そうすれば、他の選手が中を使うこともできるし、中から外へ出して裏をとれる。また、寄ってきた選手が空けたスペースを味方が使うこともできる。深さと幅をうまく使って攻めよう。

👆 ワンポイントアドバイス　≫ サポートの概念

ポイントで説明した通り、深さと幅を使えばそのぶんディフェンスも広がり、そのスペースを有効活用しやすくなる。その一方で、選手間の距離も広がるので、もしそこでボール保持者が相手のプレッシャーによってボールを失ってしまうと、一気にピンチになってしまう可能性もある。幅をとることも大切だが、ボールサイドに寄って適切にサポートし、相手のプレッシャーからの出口をつくり出すことも大切だ。

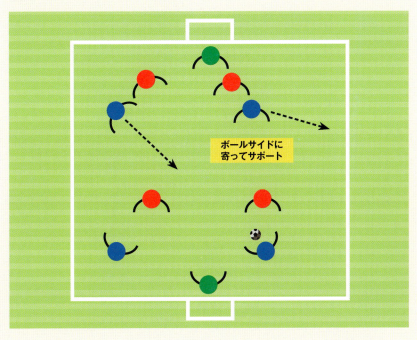

ボールサイドに寄ってサポート

縦方向を意識してプレーする

ねらい

Menu 044　4対4（2対2＋2対2）＋2GK

| 難易度 | ★★★★ |
| 広さ | 40m×20〜30m |

カテゴリー

▶ ウォーミングアップ
▶ トレーニング1
▶ トレーニング2
▶ ゲーム

やり方

1. コートを2つのエリアに分けて、それぞれのエリアにオフェンス、ディフェンス2人ずつを配置する
2. ボールは1つで、それぞれのエリアへボールが移動したらゴールをねらう。フリータッチで行う
3. エリアを分けるラインを越えて侵入することはできない（ボールのみ移動が可能）

？ なぜ必要？

縦方向を意識するプレーを学ぶ

ゴールは縦方向にあるので、縦方向を意識しながらプレーすることが大切。前にシンプルに当てて、ゴールに近づける。エリアが2つに分かれていることで、その意識を持ちやすいはずだ。相手ディフェンスの裏が空いていたら、迷わず蹴り込んで最短ルートでゴールをねらおう。広さは、ペナルティーエリア×2でもいい。

このメニューの動き方

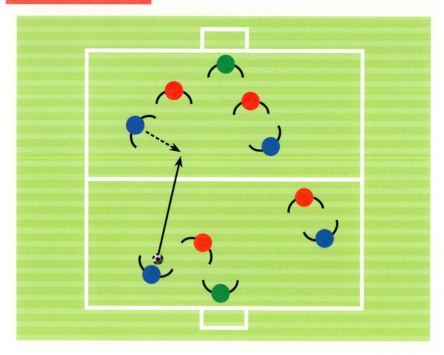

ポイント

ボールを保持することが目的ではない

最優先は、反対のエリアへ縦パスを出し、ゴールをねらうこと。ボールを保持し続けることが目的ではないので、その意識を持ってプレーする。ディフェンスが縦を切ってパスを防いできた場合は、横に運ぶ選択肢を持たなければならないが、常に縦パスをねらっておこう。反対のエリアの味方は、動いてパスコースをつくってサポートする。

Arrange

オフェンスが前方エリアに加わる

パスまたはドリブルにより、手前のエリアから前方のエリアへ、オフェンスが加わるようにしてもいい。その場合は、２対２から３対２になる。ドリブルで入る場合はそのまま入り、パスで入る場合は、パスを出した選手ではなく、パスを出していないもう１人が入る。ドリブルイン、パスインで数的優位をつくるトレーニングとなる。パスインのケースでは、前方のエリアへパスを出せそうだともう１人のオフェンスが感じたら、パスが出るより先に動き出そう。手前のエリアから、前へパスを出せればパスを出し、それが難しい場合、前のパスをディフェンスに意識させて、縦を切らせて横、斜め方向にボールを運ぶ。運ぶことで２対１ができ、前に入ってきやすくなるので、２対１から前に入っていってもいい。常にパスの選択肢は持ち、パスコースを切ってこなかったらパスを出す。

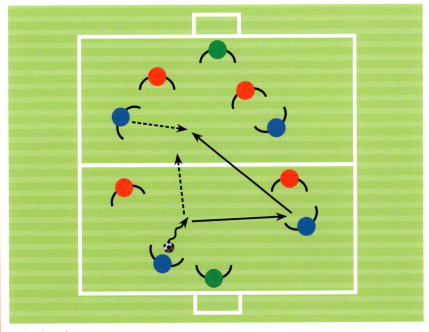

▲パスインのケース

同数＝ミニゲーム

横に逃げる方法を知る

（ねらい）

Menu 045 4対4（4ゴール）

難易度 ★★★★

広さ 20〜30m×40〜50m

カテゴリー
▶ ウォーミングアップ
▶ トレーニング1
▶ トレーニング2
▶ ゲーム

やり方

1. ゴールを2つずつ設置した4対4の
   ミニゲームを行う
2. 向かい側の2つのゴールどちらをね
   らってもいい
3. 5対5で行ってもいい

！ ポイント①

間をうまくとることで
左右に数的優位をつくろう

広いピッチなので、スペースをいかに使うかが大切。特に、数
的同数のゲームなので、そのスペースをうまく使って、局面で
数的優位をつくり出せばゴールにボールを近づけやすくなる。
幅が広くゴールが2つなので、間もとりやすいし、外からで
も中からでも、どちらからでもゴールに近づけることができる。

このメニューの動き方

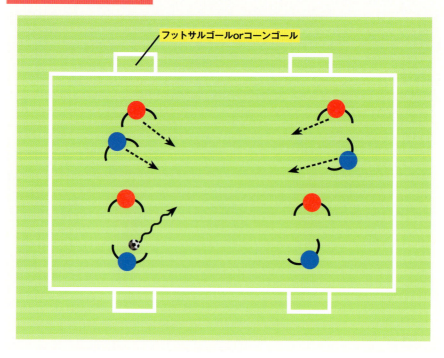

フットサルゴールorコーンゴール

126

？ なぜ必要？

広いエリアを意識したポジションどりとボール運びを行う

人数に対してコートがかなり広いので、大きなスペースが必ずどこかに存在するトレーニングとなる。広いエリアに出て、数的優位をつくってゴールをねらっていこう。ディフェンスに右と見せながら左、また左と見せながら右に行くなど、広いエリアを意識したポジションどりとボール運びで数的優位をつくり出せれば、ゴールを奪いやすくなる。

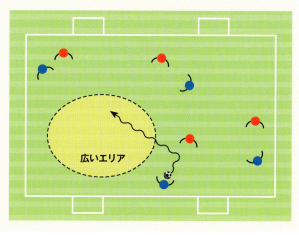

広いエリア

！ ポイント②

横に逃げることを意識する

縦に短く横に長いエリアで、横に逃げやすいので、縦が切られている場合、ドリブル、パスで横に逃げることを意識する。すると、ボールを失わずに運ぶ

ドリブルの習得にもつながる。パスの受け手は、ディフェンスにあわない場所どり、ファーストタッチを意識する。

Arrange

人数を変えて行う

3対3、5対5で行うこともできる。3対3は、人数が少ないので、逆サイドをとりやすくなり、逆に5対5は、逆サイドにも選手がいるケースがほとんどなので、片方のサイドに寄って、ディフェンスを引きつけ、逆サイドを空けるなどの工夫が必要になる。

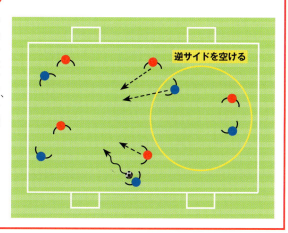

逆サイドを空ける

フォーメーションの考え方を学ぶ

（ねらい）

Menu 046 5対5＋2GK

難易度	★★★★☆
広さ	20m or 40m×40m

カテゴリー
▶ ウォーミングアップ
▶ トレーニング1
▶ トレーニング2
▶ **ゲーム**

やり方

1. 5対5のミニゲームを行う
2. 3-2の2列や、2-1-2の3列などフォーメーションを決める

！ ポイント

ギャップを広げてスペースに入り数的優位をつくる

このメニューでも、局面で数的優位をつくるように意識してプレーする。相手が3列の場合は、深さと幅をとり、ギャップを広げてスペースに入れば数的優位をつくれる。コートが小さいので、試合でのゴールまでのイメージを味方同士で持ち、フィニッシュまでなるべく時間をかけないようにしよう。そのためには、お互いにコミュニケーションをとることも重要。イメージが合わなかったら、声をかけあって共有するようにする。

このメニューの動き方

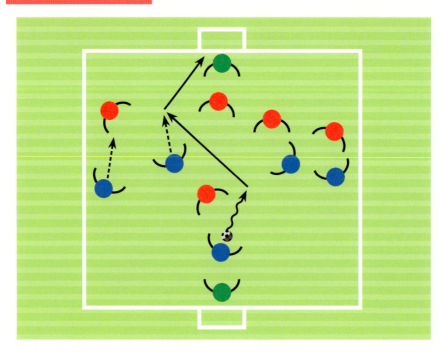

「ボールの運び方」とは？

コーンドリブル

1対1

数的優位

同数＝ミニゲーム

判断

練習メニューの組み立て方

フォーメーションの基本を学ぶ

このメニューではフォーメーションを決めて、相手のフォーメーションによって、ポジションを変えていくようにしよう。たとえば、相手が3−2の2列の場合は、2−1−2とし、相手の1列目と2列目の間に1人を置く。味方の前線の2人が相手の3枚を引き出して、裏のスペースを空け、そこに相手の1列目と2列目の間に置いた1人が入っていき、スルーパスを出すイメージでプレーすると効果的だろう。

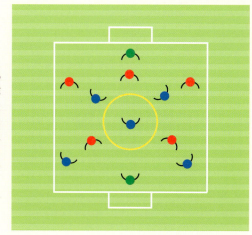

 Extra

4対4も可能

フィールドプレーヤーが4人の場合は、ボックス、台形、ダイヤモンドに限定しよう。

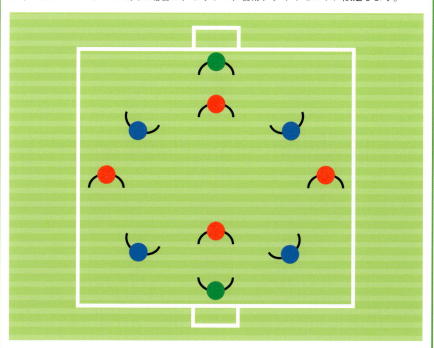

縦の関係と横の関係を考える

ねらい

Menu 047　4対4＋2GK
（2対2＋2対2、エリアを縦分割）

難易度	★★★★☆
広さ	30～40m×20～25m

カテゴリー
▶ ウォーミングアップ
▶ トレーニング1
▶ トレーニング2
▶ ゲーム

やり方

1　コートを縦に2つに分け、それぞれのエリアに味方と相手の2人ずつを配置して、
4対4（2対2＋2対2）を行う

2　ボールは1つ。ボールはエリアを越えるが、人は原則、元のエリアを越えることができない

3　守備のときのみ、ディフェンスが1人、隣のエリアに入ることができる。
攻守交代したら、隣のエリアに入った選手は元のエリアに戻る

4　ポジションは決めずに行う

このメニューの動き方

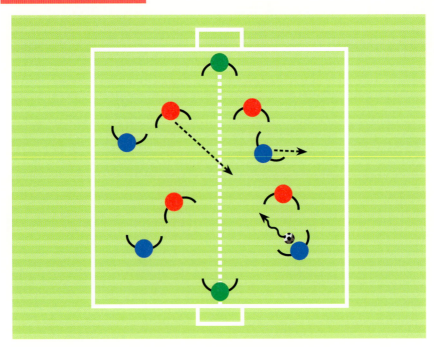

？ なぜ必要？

縦と横のスペースを生かす意識を持つ

ボールを持ってない選手が動いてスペースをつくり、パスコースをつくろう。片方のエリア（右図内の右側エリア）で、オフェンスの1人がボールを運び、もう1人が縦に動いてパスコースをつくると同時に、もう片方のエリア（右図内の左側エリア）で、味方の2人が横のエリアのパスコースをつくる。縦の関係では、縦のワンツーをねらう意識で行ってみよう。

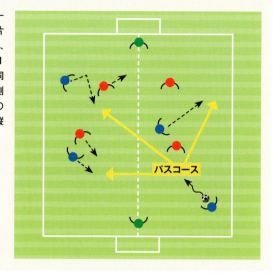

！ ポイント

ボールサイドの反対側の選手が緊張感を切らさない

縦を切られているのか、中を切られているのかを見てボールを運ぶが、逆サイドのエリアからディフェンスが入っていけるので、ボールを持ち過ぎると数的不利になってしまう。縦を切られると、さらにスペースがなくなってしまうので注意。そうなる前に、反対側のエリアの味方がパスコースをつくる必要がある。また、逆サイドのディフェンスがボールサイドに入ることを怠ることが往々にしてあるので、その点も注意しよう。オフェンスもディフェンスも、ボールサイドの反対側の選手が緊張感を切らさないことが、このメニューにおいては重要である。

131

ディフェンスの裏をとる意識を高める

ねらい

Menu 048 4対4（ワイドエリアのラインゴール）

難易度	★★★★☆
広さ	20~30m×40~50m

カテゴリー
▶ ウォーミングアップ
▶ トレーニング1
▶ **トレーニング2**
▶ ゲーム

やり方

1. 4対4のミニゲームを行う。ラインゴール通過で1点とする
2. ラインゴールは、ドリブルで通過するか、パスを受けるために設定した3mのエリアの中で、パスを受けてから通過する。味方がエリアに入ったらボール保持者はパスを出す

？ なぜ必要？

ディフェンスラインの裏でパスを受ける

横幅がとても広いコートなので、ディフェンスのギャップも広くなり、裏をとってのゴールをねらいやすくなっている。ディフェンスの裏のとり方、パスの出し方、ディフェンスラインに飛び出してパスを受ける動きを身につけることがこのメニューでは可能だ。実際の試合のなかで、相手センターバックの裏をとってゴールキーパーと1対1の状況をつくり出すイメージで、ラインゴール突破を目指そう。

このメニューの動き方

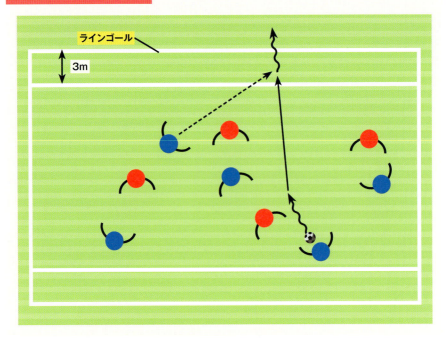

ラインゴール
3m

! ポイント① 誰もが積極的に裏をねらう

このトレーニングでは、ディフェンスラインの裏をいかにしてとるかが大切となる。どこからでも、誰もが積極的に裏をねらい、成功しなかったら戻って
きて、再び裏をねらう。それを繰り返そう。裏をねらわずに、ボールを保持しようとするのはトレーニングの目的ではないので注意。

! ポイント② リスクを冒すことを想定する

ラストパスからシュートの場面を想定しているので、リスクを冒すことを意識してプレーする。ディフェンスのエリアに入り込んで、ディフェンスの裏をとる動きを積極的にチャレンジしよう。ディフェンス
ラインのもう一列奥のラインに入り込むイメージで行い、ディフェンスラインを越えてボールを受ければゴールに近づくことができるだろう。実戦をイメージして行うことが大切だ。

📋 Arrange

5対5、6対6でより実戦的に

人数は4対4から5対5、6対6で行ってもいい。人数が多くなるとより実戦的になる。6対6であれば、たとえば相手が4バ
ックとボランチ（ディフェンシブハーフ）でディフェンスブロックを形成しているイメージで行うことができる。

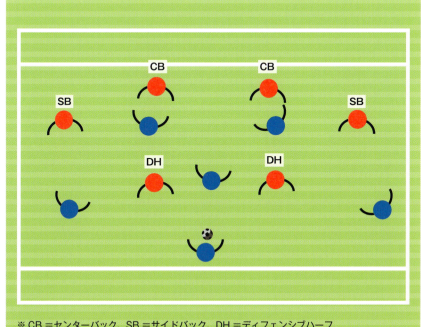

※ CB ＝センターバック、SB ＝サイドバック、DH ＝ディフェンシブハーフ

「ボールの運び方」とは？

コンビネーション・ドリブル

1対1

数的優位

同数＝ミニゲーム

判断

練習メニューの組み立て方

[同数=ミニゲーム編]

Q 同数=ミニゲームのメニューを通して
重要なポイントを教えてください

A いいポゼッションをすることです

このメニューを通して重要なポイントは、いいポゼッション（ボール支配）をすることです。いいポゼッションをするためには、縦パス、横パス、斜めのパスを使い分けることが求められます。そして、パスだけではなく、ドリブルが必要になります。ドリブルといっても、この場合は、仕掛けるドリブルではなく、運ぶドリブルのことです。この運ぶドリブルが、ポゼッションに欠かせない要素なのです。

Q なぜ、ポゼッションには
運ぶドリブルが必要なのですか？

A 相手ディフェンスを動かすことができるからです

運ぶドリブルを行うことによって、相手ディフェンスにギャップが生まれ、新たなパスコース、ボールを運べる方向ができるからです。新たなパスコース、ボールを運ぶ方向が生まれることで、ポゼッションがよりやりやすくなります。運ぶドリブルによるポゼッションを知ることで、よりボールを失いにくくなるのは間違いありません。

Q 運ぶドリブルをうまく行うコツを教えてください

A 空いているスペースに運ぶ意識を持ってください

　運ぶドリブルというと、相手ディフェンスから逃げるドリブルのイメージがあるかもしれませんが、そうではありません。運ぶドリブルは、空いているスペースにボールを運んでいくドリブルと言っていいでしょう。たとえば、縦が切られていたら横方向に、横が切られていたら縦方向に運びます。パスを出したかったコースが切られたので、違う場所に運ぶ感覚です。そうすることで、結果的に前に行く、ゴールに近づくスペースが空いてきます。すると、その空いたスペースから前に運ぶことで、相手がまたコースを切ってくれば、新しくギャップが生まれ、最終的に縦方向にスペースができてくるのです。

Q 同数＝ミニゲームのトレーニングを、実際のゲームに生かすためにはどうすればいいですか？

A 各メニューのテーマを理解したうえで取り組みましょう

　同数のゲームは、一気に突破していくことは難しいので、ポゼッションが基本になります。日本では、ポゼッションというとパスサッカーのイメージを持っている人が多いですが、そこにはさまざまな技術、戦術があります。数的優位をつくる、深さと幅をつくる、縦方向に進むが状況によっては横に逃げる意識を持つ、縦の関係と横の関係をつくる、フォーメーションの考え方、ディフェンスの裏のとり方など、サッカーのあらゆる要素が含まれています。この章で紹介した同数のメニューを行っていくことで、あらゆる面でレベルアップができ、多彩な攻撃センス、実戦に即したさまざまな攻撃のパターンを身につけることができるでしょう。

ライン突破の考え方

敵味方同数のトレーニングでは、ライン突破のスキル、考え方も身につけていかなければなりません。これまでにも一部紹介してきましたが、さらに考え方を述べていきたいと思います。

相手のディフェンスラインの裏に突破するためには、パスでディフェンスラインを突破するか、自らドリブルで運んで突破するかという大きく2つの手段があります。ラインは、ディフェンスライン、中盤のライン、フォワードのラインがあり、そのいずれの場所でも使える突破の技術を身につけ、最終的にはディフェンスラインの突破を目指します。

基本的には3つのライン突破の概念は同じと考えられます。突破していくためには、状況によってドリブルかパスを選択しますが、運ぶドリブルは選択肢として欠かせません。

ドリブルで運び、前に進入したり、横に逃げたり、場合によっては、味方同士が少し離れることでスペースが生まれ、新たなドリブルコース、パスコースが生まれます。斜めに動くことで相手を引っ張ってスペースを空けたり、味方がいる方向にわざとドリブルしたりすることが効果的な場合もあります。

相手ディフェンスがスペースをどう切ってくるかによって、運ぶ方向が見えてきます。ボールを失わずに前に進み、ラインを突破してゴール方向に行くコースを見つけることができるのです。パスではなく、運ぶドリブルでそれができると、リスクが少なくなるのです。

そのため、運ぶドリブルで、自分の動きに対して相手がどう動くのかを意識してトレーニングを行うことは、ライン突破を行ううえでの重要なポイントです。オフェンスは、運ぶドリブルでポゼッションをするだけではなく、前へ行く意識を持ち、ラインを突破することが必要なのです。

第 5 章

判 断

この章では、どのトレーニングにも必要な
判断の要素が高いメニューを紹介しつつ、
なぜ判断に関するトレーニングを行う必要があるのかを解説していく。

【判断の概念】

判断のメニューとは

ここまで、コーンドリブル、1対1、数的優位、数的同数のゲームのメニューを紹介してきたが、もう1つ欠かせない要素が判断である。判断はどのトレーニングでも大切であり、この章で紹介するメニューは、基本的に同数のゲーム形式で、コートの中の人数が多い状態で行う。人数が多いとゲーム性が高まる。ゲームには判断が必要である。サッカーというゲームにおいて最も大事な要素である判断を学ぶメニューを紹介していく。

❓ なぜ必要?

▶ **サッカーにおいて最も大事な要素が技術と判断である。このどちらが欠けてもゲームは成り立たない。日々の技術を高めるトレーニングとともに、判断を向上させるメニューが必要不可欠である**

▶ オフェンスがリスクを軽減してゴール前に運ぶためには、味方と相手の状況を観てゴールに向かう的確な判断が必要である。逆にディフェンスがリスクを軽減して守るためにも、的確な判断が必要となる

▶ ここまで、パス、仕掛けるドリブルとともに、運ぶドリブルという選択肢を持つことをテーマにメニューを紹介してきた。パスかドリブルか、どんな運ぶドリブルを行うか。そこには、常に選択肢があり判断を伴う。運ぶドリブルという選択肢が増えることで、より「判断」が重要になってくる

リスクを基準に判断する

ゴール前のフィールドを9つに分けて、2対2の数的同数での運び方の判断を考えてみる。ゴールを奪うことが最優先であり、その目標に向けての判断の基本は、前方のエリアが空いている場合は、ドリブルで運んで新しい局面をつくること。また、前方のエリアが埋まっている場合は、味方へのパスから新しい局面をつくることである。

図1のように前方のエリアが埋まっている場合は、基本はパスが判断としていいケースとなる。ここでは、Ａ が Ｂ にパスをすることでリスクを軽減してゴール前へ運ぶことができる。

図2のように Ａ がドリブルを使う場合は、縦を切られているのでリスキーだが、1対1での突破は選択肢としてはありえる。左斜め（左サイド）へのドリブルは新たな局面をつくり出すことができる。右斜め（右サイド）へのドリブルに関しては、Ｂ と連携（縦または斜めに走る）することで空いたスペースに運べる。

図3のように前方のエリアが空いている場合は、ドリブルが原則としていい判断となる。運ぶことでリスクを軽減してゴールに近づける。運ぶことでパスの選択肢ができゴールを奪える可能性も高くなる。

図4のケースでは Ａ から Ｂ へパスが通れば有利になる局面もある。

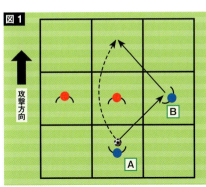

図1

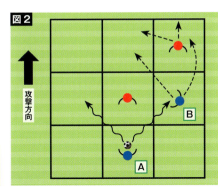

図2

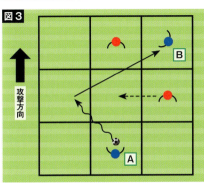

図3

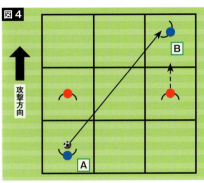

図4

「ボールの運び方」とは？

コーンドリブル

1対1

数的優位

偶数＝ミニゲーム

判断

練習メニューの組み立て方

難易度	★ ★ ★ ★ ☆
広さ	40m×40m

カテゴリー
▶ ウォーミングアップ
▶ トレーニング 1
▶ トレーニング 2
▶ ゲーム

予測と判断の基礎を身につける

ねらい

Menu 049 5対5＋5（3エリア、エリア移動）

やり方

1　グリッドを3つのエリアに分け、選手を5人ずつ3組に分ける。2組がオフェンス（ポゼッション側）、1組がディフェンスとなる

2　1つのエリアにオフェンス5人と3人のディフェンスで5対3を行う。中央のエリアには2人のディフェンスを配置し、反対側のエリアに別の組のオフェンス5人（ポゼッション側）を配置する

3　オフェンスは中央のエリアを越えた、反対側のエリアへのスルーパスをねらう。中央のエリアの2人のディフェンスは、インターセプトをねらう

このメニューの動き方

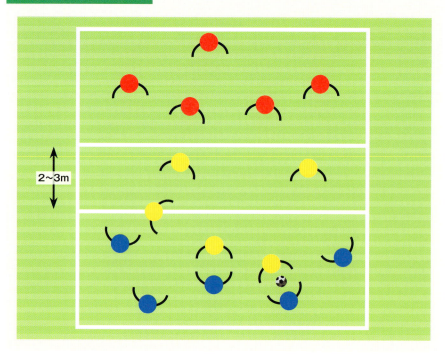

2〜3m

[ルール]

1 反対側のエリアへパスが通ったら、中央のエリアにいる２人のディフェンスと、元のエリアにいるディフェンス１人の３人が反対側のエリアに移動してディフェンスを行う。元のエリアにいたディフェンス２人は中央のエリアに移動してインターセプトをねらう。これを繰り返す

2 ディフェンスがボールを奪ったら、ボールを奪われたオフェンスのチーム５人とすぐに攻守交代する。ボールを奪ったら、自分たちのエリアでポゼッションしても、反対側のエリアにダイレクトでパスを出しても、どちらでもいい

3 オフェンスのパス回しの本数に制限をつける。たとえば、「５本以上つないで、６本目以降にスルーパスを出す」「６本目までにスルーパスを出す」など

4 浮き球あり、なしは選手のレベルによって判断する。浮き球なしでインターセプトされることが多い場合は、浮き球ありにするといい

5 基本はフリータッチで行い、選手のレベルが高い場合は、３タッチ以内、２タッチ以内など、タッチ制限をつける

6 スルーパスが通ったら１点とし、３チーム対抗戦のゲームとしてもいい

？ なぜ必要？

近くと遠くのパスコースを判断できるようになる

オフェンスは、ボールを保持しているエリア内の近くのパスコースと、反対側のエリアへの遠くのパスコースの両方の選択肢を持ってプレーし、そこで判断を磨く。また、ボールを失わないように常に前をねらい、前への意識を忘れないようにしよう。相手がインターセプトをねらっているので、相手にあわない位置、はまらない位置を全員でとり続ける。ねらわれているコースを予測して外し、ボールを失わないようにする。

ワンポイントアドバイス

≫ ディフェンスの連動性を意識する

５人に対する３人のディフェンスは、１人がプレッシャーをかけ、１人が距離を詰めてボール奪取をねらい、もう１人がパスコースを予測してねらう。オフェンスの２タッチ目をねらうとボールを奪いやすい。奪ったあとのイメージを持ちながらプレーするとさらにいい。中央のエリアの２人のディフェンスは、前方の３人のディフェンスと連動し、インターセプトをねらう。ディフェンスは連動性を意識し、常に予測してプレーする。

「ボールの運び方」とは？

ドリブル

1対1

数的優位

同数＝ミニゲーム

判断

練習メニューの組み立て方

サイドの高い位置からの仕掛け

ねらい

難易度 ★★★★☆

広さ　50m×40m

カテゴリー
▶ ウオーミングアップ
▶ トレーニング１
▶ トレーニング２
▶ ゲーム

Menu 050 ４対４＋２サーバー＋２GK

やり方

1. 中に４対４で、サーバー２人をサイドのエリアに配置してゲームを行う
2. サーバーは、攻撃している側の味方となる
3. フリータッチで行い、サーバーは２タッチ制限をつける
4. オフサイドありとする

このメニューの動き方

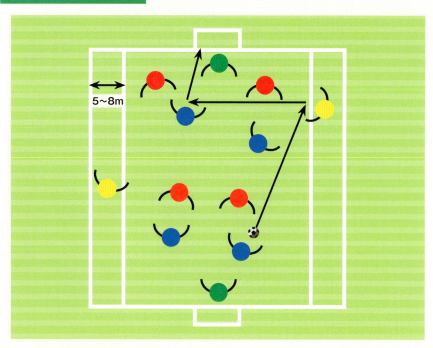

5～8m

なぜ必要？　## サイドの高い位置からの仕掛け

サーバーのスペースを設置して両サイドへの逃げ場をつくったことで、サーバーが高い位置に入ってきやすくなっている。そのため、サイドの高い位置からの仕掛けを行うことができるメニューである。中のオフェンスはサーバーを高い位置に誘導してラストパスを受けたり、サーバーも意識的に高い位置に出て、シュートチャンスをねらう。サイドにフリースペースがあり、フリーな選手がいると言う概念を植えつけるトレーニングでもある。

ポイント　## 縦のポジションを意識する

サーバーがサイドにいるので、中の選手は縦の位置関係を意識してポジショニングを考えよう。必ず1人は高い位置に入る。サーバーが高い位置に入ったら、中の選手はサイドの高い位置にボールを出し、4対2、3対2の数的優位の状況をつくり出す。ディフェンスのギャップをとることも意識しよう。逆にディフェンスは、コースを切る。高い位置に入られない（裏をとられない）ようにする。

Arrange

サーバーが中に入れるようにする

条件つきで、サーバーが中のエリアに入っていいというルールを設定する。たとえば、ファーストタッチで中のエリアに入れた場合はOKとする。そうすれば、ゴール前で数的優位をつくることができゴールを奪うチャンスを広げることができるので、より実戦的なトレーニングとなる。

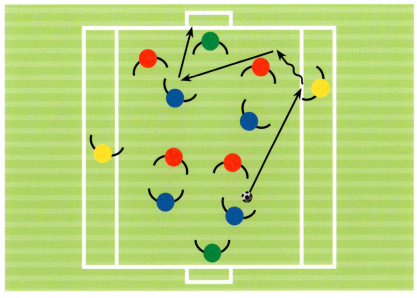

▲サーバーがファーストタッチでエリアに入る

サイドの高い位置から仕掛ける

ねらい

難易度 ★★★★☆
広さ　50m×40m

カテゴリー
▶ ウォーミングアップ
▶ トレーニング1
▶ トレーニング2
▶ ゲーム

Menu 051　4対4＋4サーバー＋2GK

やり方

1. 中に4対4で、サーバー4人をサイドのエリアに配置してゲームを行う
2. サーバーが動ける範囲は、設定されたエリアの中のみとする
3. 中の選手は、ある程度ポジションを決めてプレーする
4. フリータッチで行い、サーバーは2タッチ制限をつける
5. オフサイドありとする

このメニューの動き方

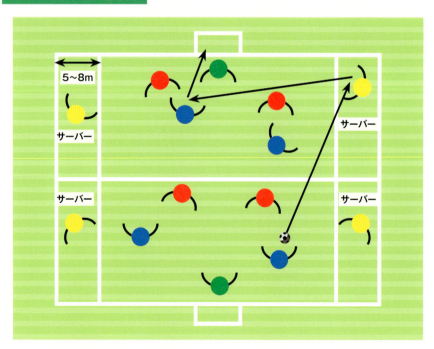

なぜ必要？

ポジションを意識して
より実戦的に

サーバーが動けるエリアを分けることで、よりポジションが決められ、Menu050よりも実戦のゲームに近づけたトレーニングになる。中に配置される選手も、フォワード、中盤、ディフェンスと、ある程度ポジションを固定して、実際のゲームを意識して行おう。ゴールへのイメージを選手同士で共有し、意図が合わなかったら声を掛けあうようにする。

ポイント

ボールを失ってもすぐに
奪い返す意識を持つ

サイドの高い位置からの仕掛けを目的としたメニューであるため、高い位置に入り、そこから顔を出したり、動き出したりする。常にフィニッシュの意識を持つ。それと同時に、ボールを失わないようにすることはこれまでと同様。また、ボールを失った直後にボールを奪い返すと、大きなチャンスになることを意識する。一方、ディフェンスは、相手との距離を詰め、人を捕まえるように。また、ボールを奪った瞬間に、サーバーを使うなどで逃げる場所を探し、その時点でゴールへのイメージを持つ。

Extra

サーバーのエリアを広げる

サーバーのスペースをさらに広げるなど、よりクロスを上げやすい設定のコートの広さに変更して行うのもあり。

指導者は、トレーニングが目的通りに進んでいるかを観察しながら、適宜調整をしていく。

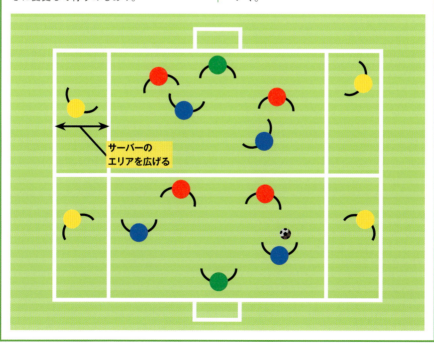

サーバーの
エリアを広げる

ポゼッションと
シュートの意識を高める

ねらい

Menu 052 4対4＋6サーバー

難易度	★★★★☆
広さ	30〜40m×30〜40m

カテゴリー
- ▶ ウオーミングアップ
- ▶ トレーニング1
- ▶ トレーニング2
- ▶ ゲーム

やり方

1. 中に4対4で、4対4と、サーバー6人を前方とサイドに配置してゲームを行う
2. フリータッチで行い、サーバーは2タッチ制限をつける
3. パターン1として、ゴールを設置せずにポゼッションゲームを行う
4. パターン2として、ゴールを設置し、ゴールキーパーを配置して攻撃方向を定めたゲームを行う
5. パターン2では、オフサイドありとする

このメニューの動き方　[パターン1＝ゴールなし]

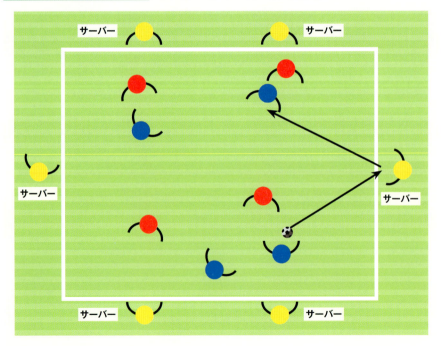

なぜ必要？

ボールを失わないように シュートを打ってゴールを奪う

縦、横に味方（サーバー）がいるので、しっかりとポゼッションを行うことができ、ポゼッションしながらゴールをねらうことができる。ボールを失わないでゴールを目指す。ゴールありの場合は、最後はシュートで終わることが重要。サーバーありのメニューのなかでは、基本的に最もプレッシャーが少ないメニューなので、初めての選手に対して行うメニューでもある。サーバーにボールが入ったら、オフェンスは自分のマークを外して積極的にシュートを打ちにいこう。

ワンポイントアドバイス

≫ サーバーを使いながら、 サポートの動きを意識する

ボール保持者に寄る、ボール保持者から離れる、ディフェンスのギャップをとる、スペースを突くなどのサポートの動きを意識して行う。縦のサーバーにパスを入れ、リターンパスをシュートするなど、縦の動きも大切。サイドからの攻撃では、横のサーバーからのクロスをシュートする。人数を増やして、5対5＋6サーバーや、5対5＋8サーバーとして行ってもいい。練習に参加している選手の人数に応じて変更する。

このメニューの動き方　[パターン2＝ゴールあり]

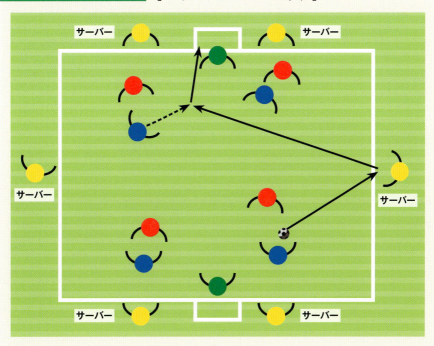

ポジションとラインの感覚をつかむ

ねらい

Menu 053 5対5＋2GK

難易度 ★★★★☆

広さ 40〜50m×40m

カテゴリー

▶ ウォーミングアップ

▶ トレーニング 1

▶ トレーニング 2

▶ ゲーム

やり方

1 　5対5のゲームを行う
2 　システムを2−1−2とし、ディフェンスを2人、フォワードを2人、中盤に1人を置き、3ラインとする

このメニューの動き方

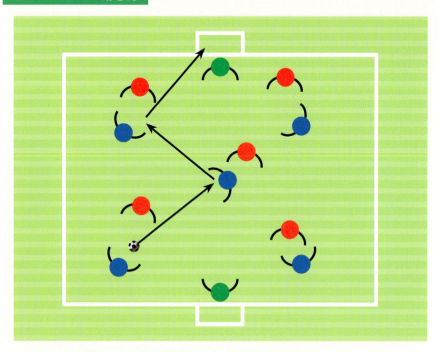

なぜ必要？

3ラインで縦の関係をつくる

常に、それぞれのラインを意識してプレーするメニューである。ポジションを固定するというよりは、3ラインで縦の関係をつくることが大切。攻撃の際には、次のラインに入っていく意識を持って行う。また、ディフェンスの際も、全員が下がってしまうと縦の関係がなくなってしまうので、1人が引いたら1人が上がるなど、ライン間の入れ替えを行い、流動的にポジションをとっていく。また、攻撃は2列目へ3列目の選手が入ったりして厚みをもたせよう。

Extra

サーバーを入れたゲームとセットで行う

たとえば、4対4＋2サーバー＋2GKや、5対5＋4サーバー＋2GKなど、サーバーを入れたゲームとセットで行うと、身につけたことをプレーに反映しやすいので、より効果的なメニューとなる。

ワンポイントアドバイス

≫ 縦の関係をつくっていいトライアングルを形成する

このメニューでは、ポジションを意識してゲームを行う。トライアングルをつくることが大切になる。ディフェンスが中を切ると外が空き、外を切ると中が空くので、空いたスペースを突いて、ディフェンスの間をとる。縦の関係をつくって間をとることで、いいトライアングルを形成していく。その際、ディフェンスがついてくるかこないかを確認するようにして、ディフェンスの裏をとる。これらをしっかりと判断しながら行う。

OK いいトライアングルを形成できている

NG いいトライアングルを形成できていない

ラインの意識を高める

ねらい

Menu 054 5対5＋4サーバー＋2GK（サイドにサーバー）

難易度 ★★★★☆

広さ　ハーフコート

カテゴリー
▶ ウォーミングアップ
▶ トレーニング1
▶ トレーニング2
▶ ゲーム

やり方

1. 中に5対5で、サイドに2人ずつ4サーバーを配置してゲームを行う
2. サーバーはサイドに置くが、エリアは決めない
3. システムは、2 – 1 – 2、あるいは2 – 2 – 1とし、3ラインをつくる

このメニューの動き方

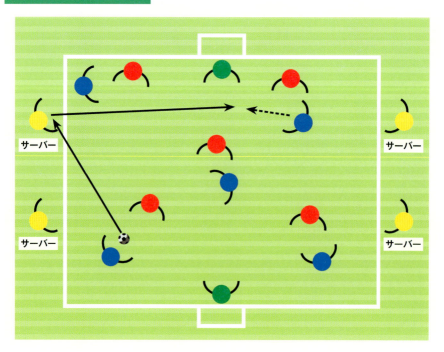

サーバー　サーバー
サーバー　サーバー

「ボールの運び方」とは？

コーンドリブル

1対1

数的優位

同数＝ミニゲーム

判断

練習メニューの組み立て方

？ なぜ必要？

3ラインを1つひとつ上がる意識を持つ

3ラインのラインを1つ1つ、パスと運ぶドリブルで上がるイメージを持つ。縦の位置関係を意識して、そこであわない位置をとったり、スペースをつくったり、ギャップをとったりしながら、前に進み、得点をねらう。1列飛ばすパスでラインを上げるのも有効だ。

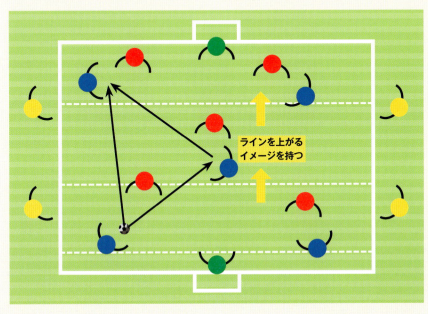

ラインを上がる
イメージを持つ

！ ポイント

ポジションと
ラインを意識しての
仕掛け

ポジションの意識を持ってプレーすることが大事。また、ボールを失わないようにプレーする。ポジションとラインを意識しながら、サイドの高い位置からの仕掛けを行う。中の選手は縦のポジションを意識し、必ず1枚は高い位置に入るようにしよう。ディフェンスは、距離を詰めて人をつかまえる。さらに、コースを切る。

Extra

1つひとつのトレーニングは
つながっている

このメニューも、サーバーを配置した、4対4＋2サーバー＋2GKなどとセットで行うと効果的だ。これまでの章や、この章でも、人数や配置、コートの広さなどさまざまな条件を変えたメニューを紹介しているが、それぞれのメニューには異なる目的があり（当然、重なる部分もあるが）、ただ形通りにやればいいというものではない。少ない人数で行い、同じ目的で人数を増やし、最終的には実戦のゲームへそれぞれのメニューはつながっている。指導者がそれを理解するとともに、選手にもしっかりとそれを理解させて行おう。

シュートの際の第3の動きを身につける

ねらい

Menu 055 5対5＋4サーバー＋2GK（縦にサーバー）

難易度 ★★★★

広さ 20~50m×20~40m

カテゴリー
▶ ウォーミングアップ
▶ トレーニング1
▶ トレーニング2
▶ ゲーム

やり方

1. 中に5対5で、ゴールラインに2人ずつ4サーバーを配置してゲームを行う
2. フリータッチで行い、サーバーはダイレクトパスのみとする
3. シュートは、必ずサーバーに当てて、そのリターンパスをシュートする
4. システムは、2-1-2、あるいは2-2-1とし、3ラインをつくる

このメニューの動き方

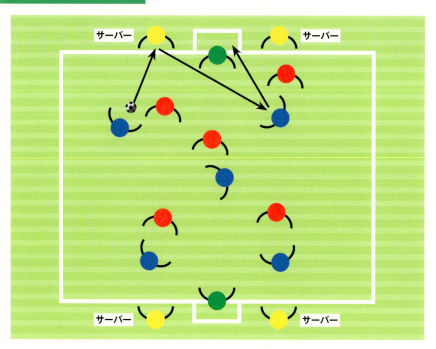

？ なぜ必要？

サーバーからのパスを
フリーで受ける

このゲームでは、サーバーに当ててリターンからシュートを打つ形をつくることを目指す。サーバーはダイレクトのみなので、そのままリターンを行うのでは、ディフェンスに読まれてボールを失い、逆にピンチになってしまう。そのため、そこで3人目が絡む第3の動きが必要になる。第3の動きによって、サーバーに当てたパスのリターンを、いかにフリーな状況で受けるかを考える。

❌ **ディフェンスに読まれやすい**

OK **第3の動きでフリーで受ける**

！ ポイント

3ラインと
縦の関係

このメニューでも、3ラインを意識する。縦の関係を見て、そのなかで、最もいい選択肢を考えていくようにしよう。前への意識を持つことはここでも大事になる。あわない位置、外す位置をとりながら前に運び、常にどのエリアでも、どのポジションでも前への意識、サーバーに当てる意識を持って行う。サーバーのパスコースをつくり、サーバーからのパスを呼び込み、サーバーからのパスを予測して動く。ポゼッションの意識、ファーストタッチの意識を持ってプレーしよう。

 Extra

Menu052と
セットで

4対4＋6サーバー、5対5＋6サーバー、5対5＋8サーバーなどの前に行うと効果的だ。

これまでの理解度を
ゲームのなかで試す

ねらい

Menu 056 6対6＋2GK

難易度 ★★★★★

広さ 50～70m×40～50m

カテゴリー
▶ ウォーミングアップ
▶ トレーニング1
▶ トレーニング2
▶ ゲーム

やり方

6対6＋2GKでゲームを行う
（スペインをはじめヨーロッパの育成年代で行っている7人制サッカーにあたる）

このメニューの動き方

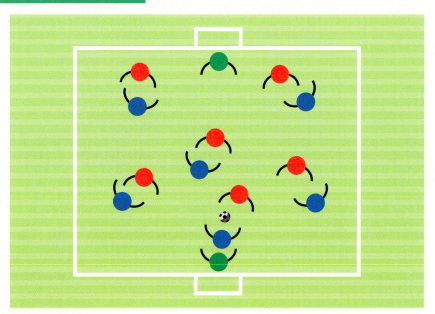

❓ なぜ必要？

ポジションを固定しないゲーム

これまでやってきたことの理解ができているかを総合的にチェックする。ポゼッションで、相手ディフェンスにあわない位置、相手ディフェンスを外す位置をとる。基本的には、より流動的でポジションを固定しないゲームになるので、ピッチ内を自由に動いてプレーしてみてもいい。

「ボールの運び方」
とは？

コーンドリブル

1対1

数的優位

同数＝ミニゲーム

判断

練習メニューの
組み立て方

判断

ねらい 11人制の前段階の
ゲームにつなげる

Menu 057 7対7＋2GK

難易度	★ ★ ★ ★ ★
広さ	50~70m×40~50m

カテゴリー
▶ ウオーミングアップ
▶ トレーニング 1
▶ トレーニング 2
▶ **ゲーム**

やり方

7対7＋2GKでゲームを行う
（日本のジュニア年代で行っている8人制サッカーにあたる）

このメニューの動き方

? なぜ必要？

サポートの意識

ゲーム形式で大切なのは、守備の際に危ないスペースを誰かが埋める、絞るといった動き。攻撃でもラインを意識しつつ、1.5列目あたりでサポートに変化をつければ相手に捕まりにくい。フォーメーションありきにならないようにしたい。

11人制の前段階のゲームで これまでやってきたことを確認する

ねらい

Menu 058 8対8＋2GK

難易度 ★★★★★
広さ 60~80m×50~60m

カテゴリー
▶ ウォーミングアップ
▶ トレーニング 1
▶ トレーニング 2
▶ ゲーム

やり方

8対8＋2GKでゲームを行う
（ドイツの育成年代などで行っている9人制サッカーにあたる）

このメニューの動き方

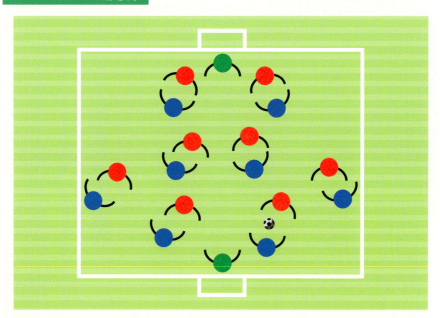

？ なぜ必要？

ほぼサッカーに近づけたゲームとして行う

人数的にも、4－2－2、4－3－1などの4バックのシステムが使えるようになるので、実際の11対11のゲームに近づけた形で行うことができる。実戦の前段階としてとらえてほしい。ポジションを決めて行えばその意識はより高まる。

ワンポイントアドバイス

》 実際のゲームにつながっていることを
指導者も選手も忘れないように

Menu056〜058では、これまでのトレーニングの総仕上げとして、6対6→7対7→8対8のゲーム形式のメニューを紹介した。注意してほしいのは、ゲームになるとゴールを奪うことに必死になり、これまでのトレーニングでやってきたポイントを忘れがちになるところだ。たとえば、オフェンスは、ディフェンスと距離をとって、離れたり寄ったりしてギャップをとって、パスコース、スペースをつくることも

できるなど。また、パスコースを見せる→切らせる→運ぶということであったり、パスコースができたら出すということであったり、ポゼッションをしながら高い位置に入ってゴールをねらうのもその1つ。こうしたことを、常に意識しながらゲーム形式のトレーニングに取り組んでほしい。

[判断編]

 なぜ、判断が大切なのですか？

 技術を生かすために判断が必要だからです

　サッカーは判断のスポーツといっても過言ではありません。ボールを保持している選手には、常にパス、ドリブル、シュートの複数の選択肢があります。ドリブルだけでも、仕掛けるドリブル、運ぶドリブルがあり、また、運ぶドリブルにも、ゆっくりと持つ場合、スピードを上げて持つ場合などがあります。そういったことを含めれば無限の選択肢があるとも言えるのです。ゲーム内のあらゆる局面で、それらの選択肢が存在します。1つの判断ミスでチャンスを逃したり、ピンチを招いたりします。そこでしっかりとした判断をしていかなければ、勝利をつかみとることが難しくなっていくでしょう。だから、トップレベルでは、的確な判断ができる選手が求められ、技術が高くても判断がよくない選手はレギュラーから外されることがあるのです。

 判断をよくするコツはありますか？

 正しく状況を認識することです

　判断をよくするためには、大前提として、目の前の状況が正しく認識されていなければなりません。状況認識が間違っていたり、いい加減なものであったりすると、いい判断はできません。そのため、判断をよくするためには、「よく観る」ことがとても重要です。「よく観る」能力を高めていくためには、サッカーのトレーニング、ゲームにおいて「よく観る」習慣づけをしていくことが必要です。局面の変化を観察して、的確な判断につなげていくのです。

「ボールの運び方」

ゴールへのドリブル

攻める

数的優位

少数制ミニゲーム

判断

練習メニューの組み立て方

判断を高めるために、大人数のゲーム形式のメニューではなく、日常的に何かできることはありませんか?

「よく観る」意識を持って、変化に気づくことです

　日常的にできることとしては、普段の生活の中でも周囲のちょっとした変化に気づけるようになることが、サッカーで「よく観る」能力を高めることにつながると思います。たとえば、街を歩いているときも、ボーッとして歩いていたら何も気づきませんが、よく見てみると、いろいろな人がいて、いろいろなことが起きています。そういった習慣づけをして、普段の生活でも、「よく観る」意識を持って生活していけば、サッカーにフィードバックされて生かされていくでしょう。

実際のゲームで判断をよくするためにはどうすればいいですか?

どうやってゴールを奪うか、そこから逆算しましょう

　サッカーの目標はゴールを奪うことなので、ゴール前でどうすればフィニッシュまでもっていけるかをまず考えます。ゴールは動かないので、ゴールを奪うことを優先順位の第一にして、パスかドリブルかを考えていくのです。シュートが入る確率を高めていくためには、シュートが打てるポジションどりが求められます。すると、ゴールを奪うためには、ボールを奪われずに、その場所に進入していかなければならないことが分かります。そのためにどうするか、先の結果から逆算して判断をしていくのです。ゴール前にボールを運ぶには、運びながらもパスで有利になる場合、ドリブルで有利になる場合を選択し、いかに周りの選手を生かして使うかを判断し、試合を有利に展開していかなければならないのです。

column 5　　事前の準備能力を高める

　サッカーにおいて、判断は最も重要な要素の1つと言えます。数的優位のトレーニングは動きのパターンを大まかに分けることで、動き方を分かりやすく理解させるトレーニングです。それを同数にして人数を増やしていくと、判断に重点を置いたものに変化していくのです。

　さまざまなことが起きるトレーニングの局面において、相手が何をねらい、どうやって裏に行こうとしているのかを観て、自分たちはいかに動くかを判断できるようにしていきましょう。

　指導者がいきなり「判断をしろ」と言っても、選手たちは、どうやって判断すればいいかが分かりません。判断をするための基礎を身につけていくためには、「サッカーを理解する」ためのトレーニングの積み重ねが求められます。サッカーは、瞬間的なプレーの連続で、よりいい判断をするためには、よく観てしっかりと準備しておくことが必要になるのです。

　いい判断のためには、事前の準備が重要です。試合に向けて技術を高め、体調を整え、ゲームプランを考えておくだけではなく、試合のなかでも次の展開を予測して準備しておくことも含まれます。

　事前の準備能力を高めるためには、日々のトレーニングで積み重ねていくことが大事です。もちろんピッチの中だけでなく、普段から考える習慣づけをしていくことも必要でしょう。判断力を高めていくことで、試合の展開が予測でき、次のプレーが予測できるようにもなっていく。そうなると、局面での判断がより重要性が増していくのです。

終　章

練習メニューの組み立て方

この章では、malva サッカースクールが
行っているカリキュラムを元に、
練習メニューの組み立て方を紹介していく。
ぜひ、参考にしてほしい。

同じスクールカリキュラムを年単位で繰り返す

malva サッカースクールでは、「育てる」ことを第一に考え、サッカーの技術と戦術を一体のものとして、子供たちがわかりやすいように整理し、小学校低学年から中学校3年生まで、基本的に同じ年間のスクールカリキュラムで行っている。その流れは、右の表の通り。

小学生から中学3年生まで、毎年同じスクールカリキュラムを行って、サッカー選手にとって必要な技術、戦術を完成させることを目指している。

また、同じカリキュラムの中で、カテゴリー（学年）によってメニュー設定や要求の質を変え、その時期に習得させるべきことを考えてコーチングしている。

毎年度のスタートの4月に行う「身のこなし」は、コーンドリブル、ジグザグドリブルなどボールを使っての身のこなし、また、体の動かし方、柔軟性、アジリティー系、クイックネス、ジャンプなどすべて含めての身のこなしのこと。小学生では神経系を発達させ、中学生では体幹やバランス感覚を鍛えることにつながる。

5月の「ボールフィーリング」「ボールとりっこ」は、ボールを使ってのさまざまなトレーニングでコーンドリブル、ジグザグドリブルが含まれる。ボールフィーリングとはボール感覚のこと。まずは、ボールにたくさん触ってボールに慣れ、ボールを右に左に前に後ろに自由に動かせるようになること、ボールに合わ

● malvaのスクールカリキュラム（年間＝4月スタート）

月	メインテーマ	練習メニュー例、発展テーマ
4月	身のこなし	コーディネーション アジリティー
5月	ボールフィーリング ボールとりっこ	コーンドリブル ジグザグドリブル ターン
6月	ステップワーク	ステップ フェイント
7月	1対1基本	ラインディフェンス 対面1対1 背負って1対1 ゴール前での1対1 斜めのラインゴール　等
8月	1対1応用	
9月	数的優位の考え コミュニケーション	2対1（1対1＋1）、 3対1、3対2、速攻
10月	パス＆コントロール	さまざまなキック ファーストタッチ 1対1（駆け引き）
11月	オフの動き パスを受ける動き 3人目の動き	
12月	2対2 攻撃・守備	3対2、3対3、4対2、 4対3、4対4等
1月	ボールポゼッション	2対1、3対1、 4対2、6対3等
2月	3対3 攻撃・守備	5対5、6対6、8対8等
3月	いろいろなゲーム	5対5、6対6、 8対8、9対9等

せて体を動かしたりステップを入れたり、ターンをしたりできるようになることが必要になる。また、インサイド、アウトサイド、足裏、足先、ヒザ、ももなど、さまざまな体の部位でボールを扱えるようにすることが必要。浮き球のボールについても、頭、胸、肩などでコントロールできるようになることが求められる。自分の思い通りにボールを扱えるようにしたらボールとりっこを行い、ボールを奪われないようにしていく。さらに、ボールを使ったフィジカル、ボールを使った鬼ごっこ、手でボールを投げたり受けたり、ドッジボール、ハンドボールによるゲームなどを行うことで、ボール扱いのスキルを向上させていく。「身のこなし」で体が動くようにした後に、「ボールフィーリング」「ボールとりっこ」でボールへの感覚を高めていくという流れである。

6月の「ステップワーク」は、主に相手をだます、かわすときに使う足の動かし方である。片足、両足でリズミカルに、右と左に行けるようなステップを相手に見せられるように踏む。ボールを運ぶ際、ドリブル、フェイントの際にも必要な技術となる。ステップワークも広い意味ではボールフィーリングの範ちゅうに入る。ステップワークを含めてボールフィーリングを高め、ボールを思い通りに動かせるようにして、次の「1対1」に進めていく。

コーチの判断で設定を変更する

　7、8月の「1対1」は、最もベースとなるトレーニングなので、力を入れて行い、基本から応用、フィニッシュの要素も入れて行う。

　基本的には、相手を観てかわす、だましてかわす、右と左に行けるように、相手をよく観て逆をとれるようにトライさせていく。応用としてはファーストタッチや受ける場所を意識した1対1もトレーニングしていく。

　9月の「数的優位の考え」では、2対1（1対1＋1）、3対1、3対2などを行う。第4章で紹介した「見えない壁」も、基本的にはここで概念を教える。速攻についてもここで行う。数的優位では、2対1を重点的に行い、あらゆる場面で

数的優位の2対1をつくり出すことを子供たちに考えさせる。ゲーム内で、同数の状況、数的不利な状況であっても、その状況を見る角度によって2対1が浮かび上がることを習得させるのである。その後の同数のトレーニングでも2対1の概念を繰り返していくので、2対1の見方を身につける「数的優位の考え」はとても重要なテーマになる。

　数的優位の考えは難しいが、小学生の段階から、分かりやすく易しい言葉で伝えていく。小学生でも中学生でも、伝えるコンセプトは一緒で、最初は2対1から、徐々に人数を増やして複雑にして難しくしていく。5対5や8対8の状況でも、見えない壁、隠れた2対1があることを伝

え、理解を進めていく。こういった取り組み方をすることによって、あらゆる状況の中でも頭の中でピクチャーを描けるようになり、数的優位で運べるようになる。

また、ここでは、「ボールの運び方」で、縦を切らせて横に運ぶ、相手ディフェンスにコースを切らせて別のコースに運ぶ、パスコースを見せてそこを守らせて違うところに出ていくという駆け引きも学んでいくようにしている。2対1のメニューが分かりやすく、レベルによっては3対1で行う。小学校4年生段階では、基本的には2対1で、繰り返し行っていくことで身につけていく。

10月の「パス＆コントロール」では、パスを出すことと受けること、パスを受ける前の動き方を身につける。ファーストタッチでボールを置く場所も意識させ

る。ここで、足元にボールを置かずに、序章で紹介した、相手と「あわない位置」にボールを置くというファーストタッチの概念を身につける。2人1組だけではなく、3人1組、4人1組、8人1組などでさまざまな組み合わせで行う。

11月の「オフの動き」では、第3の動き、パスを受ける動きについてのトレーニングをしていく。序章で紹介した「あわない位置」は、オフの動きの、ボールを持っていないときの駆け引きのところで、ボールを受ける前に相手にぶつからないところに、ずれてあわないようにする動きも含まれる。ファーストタッチで、相手の正面にボールを置かないと同時に、受ける前に相手とずれる位置を取ることで、相手の正面でボールを受けないようにするのである。たとえば、ボ

ールを受ける前に自分からボールに寄っていき、前のスペースを空ける動きである。この動き方は、分かりやすく伝えることで、小学校3〜4年生でも行っている。小学校1〜2年生でも、レベルによっては、「ボールをもらう前に離れよう」とか「ボールに寄ってみよう」という声掛けを行っている。

小学生の場合は、年間のすべてのカリキュラムをこなすのはレベル的にも難しい面もあり、12月の「2対2」は、カリキュラムのなかで、小学生で到達したい1つの目安になる。中学2年生段階では、2対2をベースに3対3も行う。レベルの高い子供は4対3、4対4、中学3年生段階では、2対2だけではなく、3対2、3対3、4対2、4対3、4対4とレベルに応じて変えていく。同数の状況、数的

優位で人数を増やした状況の中で、数的優位の2対1が見えるようにしていく。

1月の「ボールポゼッション」では3対1、4対2、6対3などを行う。

2月の「3対3」は、小学生でレベルが高くなった場合、中学生段階では5対5、6対6、8対8に変えていく。小学校高学年、中学生は「ボールポゼッション」のなかで、グループ戦術を理解させていく。

3月の「いろいろなゲーム」では5対5、6対6、8対8、9対9など人数を多くして実戦に近いゲームを行う。今までトレーニングしてきたことをゲームで応用し、判断を伴うゲームのなかで、実戦で使えるスキルにしていく。コーチの判断で制限をつけたり、設定を変更したりして行う。

カリキュラムを行うためのコーチングコンセプト

malva には、このカリキュラムを実行するにあたって、大事なコーチングコンセプトがある。

1つ目は、「子供の時間」で考えるということである。大人の時間、大人の思い、大人の考えでは、子供に早く成長してほしい、早くうまくなってほしい、すぐにできるようにしたいと考えてしまいがちである。しかしそこで、子供の時間、子供のタイミング、子供自身の成長、子供の気持ちを考えることが第一ということである。

2つ目は、子供の変化を見逃さないということ。子供の変化、子供の気持ち、子供の表情、練習中の空気を見逃さないことが必要だ。そして、コーチはいつでも、どんなときでも子供たちの味方であることをはっきりと示しておくことが大事だ。

3つ目は、常に上を意識して考えること。いつでも改善したい、もっと伸ばしたい、常に特化させたいと考えること。

4つ目は、コーチがいいデモンストレーションを行うこと。子供は言葉で言うよりも、目で見て覚えて真似をすることが得意である。コーチはよきデモンストレーターでなければならない。

5つ目は、選手の個性を理解すること。1人ひとりの個性は全く違う。同じ言葉でも選手によって言葉の理解度や言葉から導き出されるイメージの範囲に違いがある為、コーチは選手個々に合った声が

けやコミュニケーションを意識して行うべきである。

6つ目は、我慢することを考えさせること。サッカーは一夜にしてうまくなることはできない。千里の道も一歩から。壁をクリアすることで一歩ずつ成長していくしかないことを考えさせなければいけない。

malvaでは月ごとのテーマを決めているが、あまりにもそのテーマにこだわり過ぎると、そのテーマだけしかできなくなってしまう。そのテーマだけを行っていればいいわけではない。たとえば月のテーマがステップワークだったら、そこにうまく、身のこなし、ボールフィーリング、ボールとりっこを織り交ぜながら、ステップワークをしていくことになる。

小学校低学年では、かなり流動的に子供たちのレベルに合わせて行う。高学年では、基本的には、ボールポゼッション、グループ戦術までは理解させていく方針で行っている。中学生の段階ではカリキュラムをさらに高いレベルですべて行うことを目指す。

当然のことながら、きっちり年間カリキュラム通りに行わなければならないということはなく、コーチの判断により、ある程度進行状況を変更することは可能だ。レベルに応じて、より難しいことにチャレンジさせたり、進行状況を遅らせたりしていく。その臨機応変さも重要なのである。

「ボールの選び方」とは？

コーンドリブル

1対1

数的優位

同数＝ミニゲーム

判断

練習メニューの組み立て方

- malvaが行っている年間カリキュラムを通して
  ステップアップしていくイメージ

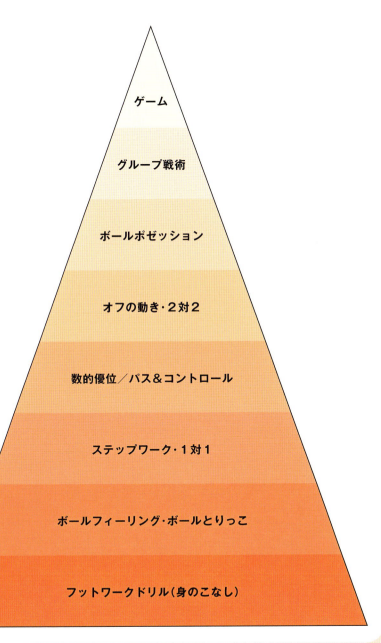

ゲーム

グループ戦術

ボールポゼッション

オフの動き・２対２

数的優位／パス＆コントロール

ステップワーク・１対１

ボールフィーリング・ボールとりっこ

フットワークドリル（身のこなし）

Q & A

練習メニューの組み立て方編

Q 練習メニューの組み立て方における基本的な考え方を教えてください。

A ### 子供の時間軸に合わせたいです

　個々のコーチのサッカー観があり、メニューを自由に考え、組み立てていくことを基本としたうえで、気をつけなければいけないことはあります。メニューの組み立ては、中学生、小学生、あるいは高校生もそうですが、子供たちに早くこうなってほしいという大人（コーチ）の意志が入ってきます。しかし、その意識が強過ぎると、子供たちの技術習得に無理が出てきます。子供たちには個々が持つ時間軸があり、それを無視してはいけません。最初のメニューの組み立てを無理に押し通そうとせずに、子供たちの時間軸に合わせて柔軟なスケジューリングにしていく必要があるでしょう。

Q 1日のメニューの組み立て方を教えてください。

A ### 実戦を意識した流れで組み立てましょう

　1日のメニューの組み立て方は、ウオーミングアップ、トレーニング1、トレーニング2、ゲームという流れが一般的で、基本となるものです。トレーニング1は導入のトレーニング、トレーニング2はメインのトレーニングと言い換えてもいいでしょう。その日のテーマに沿って、トレーニングを進めます。たとえば、ワンツーをテーマにしたとすると、トレーニング1でワンツーの基本を選手に導入し、トレーニング2でしっかりと実戦的なワンツーを行い、最後のゲームのなかで実際にワンツーを使ってプレーするわけです。

Q メニューを組み立て、指導を行っている際に気をつけるべきことを教えてください。

A しっかりと子供たちを観察してください

子供たちの変化を見逃さないことです。コーチが設定したメニューがうまくこなせているかどうかをしっかり把握しなければいけません。できていないのだとしたら、何かしらの問題が発生しているのであり、できているにもかかわらず子供たちの間に真剣さが感じられないのだとしたら、コーチが設定したメニューが子供たちに合っていない可能性があります。1日だけではなく、週、月単位で、子供たちの成長の仕方、子供たちの表情、チーム全体の雰囲気がどうかも見ていきます。

Q 週間、月間のメニューの組み立て方、また、年間のメニューの組み立て方を教えてください。

A しっかりとテーマを定めてください

malvaでは、週間のメニューの組み立ては特に行っていませんが、月間のメニューの組み立てに関しては、各月に1つのテーマを決め、そのテーマを下にトレーニングを行っています。この月のテーマは非常に重要です。malvaでは、月間の大きなテーマを掲げ、1年を12カ月で1カ月ごとのテーマを決めて、それを1つひとつクリアしていく方式を取っています。年間のメニューの組み立ては、月のテーマを年間でまとめたものになります。1つひとつステップアップしながら、計画的な指導を行っていくことは大切です。しかし、月間のテーマはある程度幅の広さがあるので、子供たちのレベルに合わせて難しくしたり、簡単にしたり、要求を変えたりとテーマの中で教える内容は変更していきます。

CONCLUSION

おわりに

malvaのサッカーとは、「リスクを少なくするサッカー」と言ってもいいかもしれません。しかし、リスクを少なくすることは、消極的なサッカーをすることではありません。必要がない無駄なリスクを排除し、与えられたチャンスを最大限に生かすサッカーなのです。リスクをとるべき場面では、リスクをとらなければならないのはいうまでもありません。

世界のサッカーは引き分けが当たり前です。世界のトップレベルでは、ホームでは勝利をねらいますが、アウェーでは負けない戦いで、アウェーで引き分けならばよしとします。そのために、なるべくリスクを少なくする戦い方が発達し、それが世界のトップレベルの国々のスタンダードになっています。

しかし、日本のサッカーは、引き分けが苦手だと思います。勝つか負けるかはっきり白黒つけたがる日本人のメンタリティーがあり、日本人は、引き分けの戦い方をすることが実は苦手なのです。また、外国人と日本人では、身体的な特徴、間のとり方、リズムなど、さまざまな点で大きな違いがあります。

そのため、サッカー先進国のスタンダードを日本に取り入れるにしても、それを日本人に合うようにアレンジしていく作業が必要になります。私は、選手時代から、海外のトレーニングをそのまま日

本に持ってきても、日本人には合わない面があるのではないかとずっと感じてきました。

　私は、サッカー選手として海外でも経験を積み、フットサル選手として、また音楽プロデューサーとして働いてきた経験があり、その経験を基に、日本人に合う指導法とトレーニングを考え、malvaのトレーニングプログラムをつくり上げました。それは、日本人の身体的特徴、間のとり方などの特徴に合い、日本人のメンタリティーに合い、なおかつ世界のサッカーのスタンダードにも合ったトレーニングプログラムになっていると自負しています。

　本書には、その malva のサッカーの基本が詰まっています。もちろん、リスクを少なくしてチャンスを最大限に生かすためのメニューも数多く紹介しています。その考え方のベースについては、本書を読んでいただいた方には理解していただけたのではないかと思います。

　本書が、各サッカークラブ、指導者、選手にとって、何かしらの役に立ってくれたとしたならば、本当にうれしい限りです。これらのメニューが、各サッカークラブの日々のトレーニングの向上に、また、指導者の方々や選手たちのサッカー観をつくり上げるヒントになってくれればと心から願っています。もし、日本のサッカーの発展に多少なりとも貢献できたとしたならば、それに勝る喜びはありません。

malvaサッカースクール代表

浅野智久

著者
浅野智久　あさの・ともひさ

1971年11月、茨城県出身。malvaサッカースクール代表。
1993年、吉田拓郎がパーソナリティをつとめるTBSのTV番組「地球
ZIGZAG」にセリエAへ挑戦するという企画を持ち込み、見事企画が
採用される。イタリアへ渡り、1994年〜1995年シーズンは、チェー
ザレ・プランデッリ監督（後のイタリア代表監督）の下、アタランタ
でプレー。当時、アタランタには後のイタリア代表ビエリやタッキ
ナルディが在籍していた。帰国後、1996年にmalva football club
TOPチームを発足。1997年レコード会社イーストワークエンタテ
イメントに入社し、綾戸智恵、日野元彦、佐野允彦のレーベルのA＆
Rとして活躍。1998年、フットサル日本代表候補に選出。2000年、退
社後、フットサル場をオープンすると同時にmalvaサッカースクー
ルを開校。大津祐樹（柏レイソル・元日本代表）や古賀太陽（柏レイソ
ル・元U-19日本代表）など多数のJリーガー、プロ選手を育成、輩出。
監督としてmalva茨城U-15、malva茨城U-12を日本一へ、malva千
葉U-12を2度の全国大会準優勝へ導いた。またスペインのレアル・
マドリード傘下のC.D.カニージャスでも指導の経験を持つ。

（写真は前列左から藤尾圭悟、本田剛士、山本汐音、塩澤昂
後列左から柳数馬、三木康生、菊地雄介、村上聡祐）

協力　malvaサッカースクール

2000年10月に水戸市住吉町にホームグラウンドを持ち、本格的にスタートする。現在、malvaサッカースクールは全国各地にスクールを開校（2017年現在19校）し、3歳から大人までの幅広い年齢の選手が在籍している。2008年には元日本代表巻誠一郎選手と共に巻誠一郎カベッササッカースクールpowered by malvaを熊本に開校。2014年には元日本代表玉田圭司選手と共に玉田圭司サッカースクールK.T.F.C. powered by malvaを千葉県津田沼に開校。2015年には元日本代表大津祐樹選手、日本代表酒井宏樹選手と共に大津祐樹×酒井宏樹サッカースクールpowered by malvaを千葉県柏に開校した。各地域とも密着し、着実に成果をあげている。各校強化クラスの選手達は、2005年に第10回全日本ユース（U-15）フットサル大会でmalva mito fc U-15が全国優勝。2007年に第16回バーモントカップ全日本少年フットサル大会でmalva mito fcU-12が全国優勝。2011年と2015年の

バーモントカップ全日本少年フットサル大会でmalva urayasu fc U-12が全国準優勝の成績を収めた。その他、スペインで開催されたコスタブランカカップU-12で優勝、スペイントルネオ7人制サッカー国際大会で上位進出など成績を収めた。当スクールの出身選手では、大津祐樹（柏レイソル）、古賀太陽（柏レイソル）、金久保順（ベガルタ仙台）、神谷優太（湘南ベルマーレ）、島田譲（V・ファーレン長崎）、田向泰輝（水戸ホーリーホック）、岡田明久（鈴鹿アンリミテッドFC）、大宮玲央奈（AC長野パルセイロ・レディース）、土居明日香（ちふれASエルフェン埼玉）、曽根七海（ジェフユナイテッド市原・千葉レディース）、タルハニ存哉（U・Dコルネジャ/スペイン）、田口元気（フウガドールすみだ）など、毎年多くの選手が強豪高校・大学、J1・J2・J3・JFL、海外プロサッカーリーグ、Fリーグに入団（入学）を果たしている。ジュニアやジュニアユース年代もJリーグ下部組織に入団する選手を多数輩出している。

※文中の所属は2017年11月現在のもの

デザイン／有限会社ライトハウス
　　　　　黄川田洋志、井上菜奈美、
　　　　　藤本麻衣、岡村佳奈
　　　　　株式会社おおきな木
　　　　　明日未来
写　　真／矢野寿明
編　　集／石田英恒、
　　　　　木村雄大（ライトハウス）

身になる練習法
サッカー　ボールの運び方を鍛えるトレーニング

2017 年 11 月 30 日　第 1 版第 1 刷発行

著　　　者／浅野智久

発　行　人／池田哲雄
発　行　所／株式会社ベースボール・マガジン社
　　　　　　〒 103-8482
　　　　　　東京都中央区日本橋浜町 2-61-9 TIE 浜町ビル
　　　　　　電話　　　03-5643-3930（販売部）
　　　　　　　　　　　03-5643-3885（出版部）
　　　　　　振替　　　00180-6-46620
　　　　　　http://www.bbm-japan.com/
印刷・製本／広研印刷株式会社

©Tomohisa Asano 2017
Printed in Japan
ISBN 978-4-583-11076-9 C2075